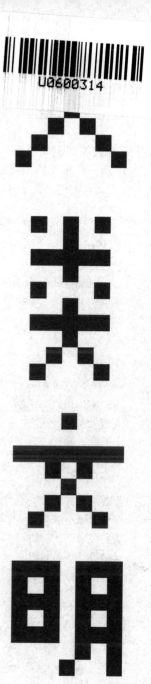

走出现代秩序困境的

中国智慧

王英梅◎著

SPM
南方传媒

广东人民出版社

·广东·

图书在版编目（CIP）数据

人类文明新形态：走出现代秩序困境的中国智慧 / 王英梅著. —
广州：广东人民出版社，2024.4
ISBN 978-7-218-17506-5

Ⅰ. ①人… Ⅱ. ①王… Ⅲ. ①中国特色社会主义—研究 Ⅳ.
①D616

中国国家版本馆CIP数据核字（2024）第071617号

RENLEI WENMING XINXINGTAI ——ZOUCHU XIANDAI ZHIXU KUNJING DE
ZHONGGUO ZHIHUI

人类文明新形态——走出现代秩序困境的中国智慧

王英梅 著

出 版 人：肖风华

出版统筹：卢雪华
责任编辑：伍茗欣　廖智聪
责任校对：林　俏
装帧设计：尚刘阳
责任技编：吴彦斌

出版发行：广东人民出版社
地　　址：广州市越秀区大沙头四马路10号（邮政编码：510199）
电　　话：（020）85716809（总编室）
传　　真：（020）83289585
网　　址：http://www.gdpph.com
印　　刷：唐山富达印务有限公司
开　　本：690mm×980mm　1/16
印　　张：16　　字　数：200千
版　　次：2024年4月第1版
印　　次：2024年4月第1次印刷
定　　价：68.00元

如发现印装质量问题，影响阅读，请与出版社（020-85716849）联系调换。
售书热线：020-87716172

目录
contents

第三章 超越"资本的文明":人类文明新形态的革命性变革

第四章 人类文明新形态的"新"意蕴

第五章 人类文明新形态的规律性揭示

第六章　创造人类文明新形态的全球意义

第七章　大道而行：以人类文明新形态
　　　　回答现实之问

引 言
文明发展的困境

　　人类的出现，特别是人类改造世界的实践活动，极大地改变了世界的面貌，使世界发生了二重分化，即从自然界中分化出人类社会，从客观世界中分化出主观世界。在这种分化中，世界得到进一步发展，变得更加丰富多彩。

　　在考古学和远古历史的研究中，"文明"是一个具有组织性功能的概念，它有助于把关于人类早期生产、生活和社会结构的林林总总的研究，整合成一个边界相对清晰、题材相对具体、方法相对鲜明的领域。

　　在现代汉语中，文明指一种社会进步状态，与"野蛮"一词相对立。在英法语言中，经过启蒙运动的洗礼，"文明"被赋予社会进步的意涵，即社会与人性的发展。美国人类学家玛格丽特·米德认为，文明最初的标志是"一块愈合的股骨"。在古老的年代，如果有人断了股骨就无法生存，会被四处游荡的野兽吃掉。这些断了股骨的人如得不到别人帮助，就不能打猎、捕鱼或逃避野兽的伤害。因此，一块最早被发现的愈合的股骨，表明有人将伤者带到了安全的地方并且悉心照料，让他慢慢康复。从这个意义上讲，人们开始帮助别人，应该是文明最初的标志。

　　大致说来，"文明"的概念，有以下几种不同的用法。第一，接受早期人类学的观念，把人类社会的演化区分为"蒙昧、野蛮、文明"三个阶段，以"文明"为更高级的阶段。第二，把"文明"作为人类的生活方式，侧重生产活动、技术形态、艺术成就和宗教信仰等。第三，把"文明"作为"文化"的近义词或同义词使用，或者是以"文明"对"文化"进行归类，通常是把若干相近的文化归入一种文明，如西欧文明、拉美文明、非洲文明。第四，恩格斯指出："文明是实践的事情，是一种社会品质。"①不论是创造人本身的劳动，还是构成社会存在基础的物质生产，都是人改造世界的实践活动。可以说，人的实践活动是自然界与人类社会、客观世界与主观世界相分化的关键，也是它们相统一的关键。在实践活动中，人们始终在处理自然与社会、客观与主观的关系，力求克服二者的对立而

---

　　①《马克思恩格斯全集》（第一卷），人民出版社1956年版，第666页。

达成它们的统一。文明正是人的这种实践本质的运用，既表现为人改造世界的实践活动，也表现为人改造世界的实践成果。第五，用"文明"界定人类命运共同体的特征，也就是把基于具体地域的具有相对复杂的行为、制度和观念体系的人群视为一个共同体，同"社会"的含义相近。人类社会由众多部落、民族、国家等社会共同体组成，文明通常指代这些社会共同体在实践活动中所创造的积极成果的总和。如中国本身可以被视为一个"文明"单位，中国这一社会共同体在实践活动中所创造的积极成果的总和也可以被称为"中华文明"。在现实世界中，文明发展的程度，体现了一个民族、国家、社会发展的水平。

概而言之，文明是人类创造的所有物质成果、精神成果和制度成果的总和，是标志社会进步程度的范畴，反映了人类社会实践活动的积极成果。元宇宙作为全球科技领域关注的焦点，正在为产业带来深刻变革，昭示着数字化未来的无限可能性。不论大家在理解上有何不同，从哲学上看，元宇宙作为对传统虚拟现实的技术升级，本质上是用数字信息技术复制现实世界得出的镜像与愿景，而不是一个完全不同于现实世界的"第三世界"。作为镜像，它是对现实世界的摹写与反映；作为愿景，它试图依据现实世界的发展趋势和人们的意愿设计出精神世界，归根到底是现实世界的一种延伸和拓展，是人的实践活动的产物，是一种精神文明成果。

马克思主义经典作家揭示了人类文明发展进步的一般规律，认为社会形态的演进，从一定意义上说也是文明形态的更替。一部人类社会发展史就是一部人类文明形态演进史，不同的社会形态意味着是不同价值取向、发展水平和特定内涵的文明形态。每一种文明形态都有它的品质、地位，能够成为一种独立的文明形态，表明这种文明已经高度成熟。以社会形态为依据，受物质生产条件支配下的人类文明是由奴隶制文明、封建文明、资本主义文明向未来的共产主义文明的"节点式攀升"。这表明所谓文明形态是以一定科学技术和生产力水平为支撑的社会形态及其发展状况。从这个意义上讲，文明形态是指由于物质生产实践、政治民主实践、精神文明实践等系列实践活动的发展推进，使整个社会面貌焕然一新、开拓进步的一种状态。

当然，文明的存在有规定范围的场域。同时，任何文明都不是孤立地存在。在某一特定的时间段和场域，总是存在多种文明相互交织的文明景象，这是因生产力水平等因素参差不齐所导致的"文明整体的级差失衡"。

溯及历史，农业文明作为人类最早的文明是人被自然规则制约，完全沉淀于自然之下的形态，同时也是时间跨度最久的人类文明时代。工业文明时代是人利用自然规则，将人与自然进行区分，高举人之主体性，将自然视为人之主体性之下被构建的时期。后工业文明时代，大多数劳动不再从事农业和制造业，而是从事服务业。最显著的特征是知识、文化、科学、技术以及日常生活和现代产业紧密结合，灾难和科技同在、贫穷与过剩同在，人与自然的关系变得难以界定，既充满了向未来的可能性，又突兀地展示着向脆弱的文明链接的现实。特别是西方现代文明在产生巨大成就的同时，也带来了严峻的问题，让人类文明蒙羞。据统计，两次世界大战带来超过8000万人的死亡；2014年仅毒品就在美国造成了4.7万人死亡，到2020年则造成了超过7万人死亡；2019年世界范围内有接近4亿名抑郁症患者。

这些问题无时无刻不在提醒着人类，现有文明并非只有发展的成就，其蕴含的危机已经在威胁着人类的生存和延续。毫不夸张地说，当代人类社会所面临的世界性、时代性、历史性问题正以前所未有的方式展开，世界又一次站在历史的十字路口。马克思曾经对19世纪世界资本主义的"繁荣"和巨大世界影响作过精湛的分析："在我们这个时代，每一种事物好像都包含有自己的反面。我们看到，机器具有减少人类劳动和使劳动更有成效的神奇力量，然而却引起了饥饿和过度的疲劳。财富的新源泉，由于某种奇怪的、不可思议的魔力而变成贫困的源泉。技术的胜利，似乎是以道德的败坏为代价换来的。随着人类愈益控制自然，个人却似乎愈益成为别人的奴隶或自身的卑劣行为的奴隶。甚至科学的纯洁光辉仿佛也只能在愚昧无知的黑暗背景上闪耀。我们的一切发现和进步，似乎结果是使物质力量成为有智慧的生命，而人的生命则化为愚钝的物质力量。"①这表明马克思早在19世纪50年代深刻揭示的这些问题充分暴露资本主义现代性悖论，恰恰是资本主义制度自身难以克服的"顽症"甚至"绝症"。由此，我们可以感知人类"文明史"也就是人类争取"文明"的斗争史，这种斗争的内涵和目标乃是不断追求"理智的发展和尊重人的权利"②。

　　站在时代之巅，究其实质，当下西方资本主义的处境既有基于自身始终追逐私利的独特成因，又彰显世界的一般性，这也是人类在建构文明时几乎必然会遭遇的困境。历史上曾盛极一时的罗马、荣耀无限的威尼斯从"幸福"中走向衰败的经历，都是今天西方文明的远鉴。当年威尼斯人"从勤俭到奢华

----

① 《马克思恩格斯选集》（第一卷），人民出版社1995年版，第775页。
② 爱德华·麦克诺尔·伯恩斯、菲利普·李·拉尔夫：《世界文明史》（第一卷），商务印书馆1987年版，第126页。

消费"，罗马公民变成"有闲阶级"后蔑视生产活动，原因都在于丢失了过去简朴生活方式和强烈的市民精神，转而追求私利、缺乏责任感。或者从某种意义上讲，"衰亡的种子就存在于成功之中"。反思的结论是：资本主义工业文明的主流观念和社会秩序不能再继续沿用，人类必须去寻找新的发展道路和模式，自觉地建立新的社会秩序与相应的主流价值观，以开创新的文明。

应对这一讨论域，首先需要总结厘清当下人类文明面临的生存危机到底是什么？然后分析其成因。具体来讲，当下人类文明的生存危机分为人与自然、人与人、人自身三个部分。

第一，人与自然的危机主要体现在人借由科技发展增强了其面对自然必然性的能力，但这一增强却带来了对自然无限度的开发利用，造成了环境危机、资源短缺和物种灭绝等问题，并且伴随着资本主义市场经济的全球扩展，最终演变成全球性的文明危机。

第二，人与人的危机主要体现在资本主义文明生产方式所带来的生产力发展使人陷入"以物为依赖"主导的时代，物成了评价和衡量人以及一切价值的标准，从商品拜物教到货币拜物教再到知识拜物教，而社会在潜移默化地改变人，人也在不知不觉地改变社会。

第三，人与自然、人与人发生危机后，人自身产生危机也是一个自然的过程。一方面，资本主义文明让物将人统摄，人的内心呈现矛盾和焦躁的状态；另一方面，高速发展的世界让人时刻面对着远超自身的海量信息、知识，这些海量存在让人不得不逼迫自身永远处于竞争压力之中，被片面化、单一化、原子化、碎片化，抑郁症、亚健康成为常见症候，人自身的危机也逐渐成为文明危机。

从系统论的视角看，自然界与人类社会不是截然分开的，而是交叉重叠和相互作用的。在自然界中有"人化自然"，即经过人的改造并体现着人的目的和意志的自然。在社会中有自然物质和自然力的运用，而构成社会存在基础的物质生产本身就是人与自然的物质变换。而主观世界从客观世界中分化出来，具有相对独立性。但主观世界并非独立存在的实体，也不是一个超然于客观世界而孤立存在的世界，它不能完全脱离客观世界，而是从属于客观世界。从根本上说，主观世界是对客观世界的反映，并反作用于客观世界。由此可见，自然、人和社会构成一个"三元互动"的整体，即"环境—人—社会系统"。这个系统处于不停的运动、变化之中，其原动力来自人类对更加健康、幸福和安宁生存的本能追求。在这一追求的驱动下，社会用它已有的秩序去处理人与自然的关系和人与人的关系，从而使"环境—人—社会系统"运动起来，而运动的结果当然是自然、人与社会都发生变化。基于这一视角，我们可以推断，"环境—人—社会系统"运动的内因是其内部两大基本矛盾的运动。第一个基本矛盾是人类（社会）对物质财富积累追求的无限性和自然界支撑能力的有限性之间的矛盾；第二个基本矛盾是人对所获得的物质财富的公平、公正追求的无限性和社会秩序公平、公正分配物质财富能力的有限性之间的矛盾。实际上，人类历史上的一切动乱变化无不都是出于争夺自然资源和生存空间的所有权和支配权的需要，都是这两个基本矛盾交织作用的结果。这表明以上这些人类文明危机事实上反映的是以资本主义为代表的、以物为依赖的文明形态的危机。在人类文明语境下，即唯有直面人类所面临的巨大现代性物理和心理意义上的危机，才能真正实现人类文明形态的转化——文明进步的最终落脚点在于人的解放。

依据中国特色社会主义进入新时代这一历史方位，中国作为全球人口最多的发展中国家，既有其历史任务，也有世界任务，而创造"人类文明新形态"正是中国对于这一时代之思的回答。

党的十九届六中全会深刻指出："党的百年奋斗深刻影响了世界历史进程……党领导人民成功走出中国式现代化道路，创造了人类文明新形态，拓展了发展中国家走向现代化的途径。"①
这是习近平总书记在庆祝中国共产党成立100周年大会上的重
要讲话中首次提出"人类文明新形态"之后又一次郑重作出的
重要论断。在党的二十大上，习近平总书记对新时代党和国家
事业发展作出科学完整的战略部署："确定稳中求进工作总基
调，统筹发展和安全，明确我国社会主要矛盾是人民日益增长
的美好生活需要和不平衡不充分的发展之间的矛盾，并紧紧围
绕这个社会主要矛盾推进各项工作，不断丰富和发展人类文明
新形态。"②

　　从蒙尘的劫难岁月到"人类文明新形态"的盛大出场，这
100年，为了实现文明的复苏和民族的复兴，中国共产党以马克
思主义为指导，以时代发展为任务，使中华优秀传统文化经过
马克思主义真理的浸润和实践的打磨，最终以"人类文明新形
态"的新姿态使古老的中华文明实现了华丽转身。

　　人类历史向世界历史的转变是资本主义生产方式出现和向
世界扩张的结果。世界历史的形成又反过来促进了生产力的普

---

　　① 《中共中央关于党的百年奋斗重大成就和历史经验的决议》，人民出版社2021
年版，第64页。
　　② 习近平：《高举中国特色社会主义伟大旗帜　为全面建设社会主义现代化国家
而团结奋斗——在中国共产党第二十次全国代表大会上的报告》，人民出版社2022年
版，第7页。

遍发展和人类的普遍交往，推动了社会发展，为人的发展创造了条件。人类文明新形态不仅仅是中国的文明新形态，更是全人类的文明新形态，其包含了对"中国之问、世界之问、人民之问、时代之问"的创新回答，实现了文明理论的"术语的革命"，开辟了21世纪马克思主义文明观发展的新境界，对人类文明的发展困境给出自己的答案。

今日之中国，不仅是中国之中国，而且是亚洲之中国、世界之中国。未来之中国，必将以更加开放的姿态拥抱世界、以更有活力的文明成就贡献世界。

第一章

历史大变局中的人类文明新形态

>>>>

毛泽东曾说："如果要看前途，一定要看历史。"①历史事件的发生以及特定历史性概念的产生是对过去诸多历史条件的综合性继承，这对社会历史领域的问题具有普遍适用性。正如恩格斯所说："整个历史进程，就重大事件来说……这些事件及其所引起的后果都是不以人的意志为转移的。"②正因如此，我们才得从"历史大变局"中分析人类文明新形态。从建党百年之际首次提出"人类文明新形态"，到党的第三个历史决议强调"党领导人民成功走出中国式现代化道路，创造了人类文明新形态"，再到党的二十大将"创造人类文明新形态"作为中国式现代化本质要求的一个重要内容，标志着我们党对人类文明新形态的认识已经由实践探索上升到把握规律的新阶段。历史发展有其规律，但人在其中不是完全消极被动的。只要把握住历史发展规律和大势，抓住历史变革时机，顺势而为，奋发有为，我们就能够更好地前进。我们将按照历史主脉、现实审思、未来向度的逻辑理路从一百多年中国式现代化的探索、生产力与

---

① 《毛泽东文集》（第八卷），人民出版社1999年版，第383页。
② 《马克思恩格斯选集》（第四卷），人民出版社2012年版，第663页。

生产关系的辩证关系、经济基础与上层建筑的辩证关系、"现实的人"的自我认识与自我解放中的综合视角，按照历史主脉、现实审思、动力来源的逻辑理路对人类文明新形态加以深度解读，以期明晰历史大变局下人类文明新形态的科学性和先进性。

一、中国式现代化创造人类文明新形态

现代化是一种世界现象，既是人类文明进步的重要标志，也是各国发展的必然选择和不懈追求。党的十九届六中全会通过的《中共中央关于党的百年奋斗重大成就和历史经验的决议》强调指出："党领导人民成功走出中国式现代化道路，创造了人类文明新形态，拓展了发展中国家走向现代化的途径，给世界上那些既希望加快发展又希望保持自身独立性的国家和民族提供了全新选择。"[1] 社会主义现代化是中华民族伟大复兴承载的主要内容，中华民族伟大复兴是社会主义现代化的形象表达。中国共产党对中国式现代化的一百多年探索构成了创造人类文明新形态的实践理路，并将其贯穿于中华民族救国、兴国、富国和强国的全部过程。

---

[1] 《中共中央关于党的百年奋斗重大成就和历史经验的决议》，人民出版社2021年版，第64页。

（一）追寻工业文明为目标的现代化探索

人类历史上的现代化模式主要划分为以英国、法国、美国等为代表的资本主义现代化和以苏联为代表的社会主义现代化。前者是早发的、内生的、渐进的现代化，是建立在生产资料私有制基础上，通过殖民侵略、血腥掠夺而完成的，其结果是社会两极分化、贫富悬殊、社会动荡，等等。后者是后发的、外生的、赶超的现代化，是建立在纯而又纯的公有制基础上实现的，虽然成效显著，但是存在人民生活水平提高缓慢等问题。近代中国被侵略的国情决定了中国的现代化探索必然烙下深刻的西方印记，而且必须先把帝国主义赶出国门、取得民族民主革命胜利后，才能发展为先进的工业化国家、现代化国家。

马克思在《资本论》（第一卷）德文第1版序言中写道："工业较发达的国家向工业较不发达的国家所显示的，只是后者未来的景象。"[①]当然，马克思的结论主要来源于欧洲的历史经验，但他随即提出了先进生产力在当时落后的亚洲的双重历史使命："一个是破坏性的使命，即消灭旧的亚洲式的社会；另一个是

---

① 《马克思恩格斯全集》（第四十四卷），人民出版社2001年版，第8页。

建设性的使命，即在亚洲为西方式的社会奠定物质基础。"①马克思的研究彰显了非西方国家的发展道路，必须要结合自己国家的实际进行探索。

从近代开始，为了实现现代化，中华民族许多有识之士进行了长期奋斗，作出了难能可贵的努力。孙中山领导辛亥革命试图以建立资产阶级共和国、振兴实业等方案来实现现代化，他的《建国方略》被称为近代中国谋求现代化的第一份蓝图。但在当时历史条件下，中国现代化没有也不可能取得成功。历史证明，没有代表中国人民根本利益的先进政治力量领导，实现现代化的任何蓝图都无法变为现实。探索中国现代化道路的重任，历史地落在了中国共产党身上。

1921年，中国共产党一经成立，就以高度的理论自觉和实践胆略探索中国式现代化道路。经过长期的实践探索和经验总结，中国共产党对于解决这一问题有了清醒的逻辑思维：先通过革命的手段推翻腐朽的旧制度完成救国大业，再通过工业化逐步走向现代化。毛泽东自接受马克思主义以后，便对在中国实现工业化怀有强烈的愿望和坚定的信念。终其一生，他对于在中国实现工业化的奋斗目标从未动摇过。1945年，他在《论联合政府》报告中就讲清了革命与现代化之间的关系，他指出：

---

① 《马克思恩格斯选集》（第二卷），人民出版社1972年版，第70页。

"在一个半殖民地的、半封建的、分裂的中国里，要想发展工业，建设国防，福利人民，求得国家的富强，多少年来多少人做过这种梦，但是一概幻灭了。"①因此，革命这一手段是在救国之路上探索现代化、创造新文明的先决条件。在党的七届二中全会上，毛泽东进一步提出由落后的农业国变成先进的工业国的奋斗目标。

新中国成立后，我们党团结带领人民进行社会主义革命，消灭在中国延续几千年的封建剥削压迫制度，确立社会主义基本制度，实现了中华民族有史以来最为广泛而深刻的社会变革，为人类文明新形态的创立提供了政治前提和制度基础。新中国成立初期，我国连日用的煤油、火柴、铁钉都称为洋油、洋火、洋钉，因此我们党提出要尽快改变我国工业化水平落后的状况。

1957年，毛泽东强调，我们一定会建设一个具有现代工业、现代农业和现代科学文化的社会主义国家。1959年底到1960年初，毛泽东认为，要在原来的基础上"加上国防现代化"。至此，"四个现代化"的内容被完整提出来。1964年，在《政府工作报告》中周恩来郑重提出，"在不太长的历史时期内，把我国建设成为一个具有现代农业、现代工业、现代国防和现代科学技术的社会主义强国"②。这标志着"四个现代化"的伟大构想

---

① 《毛泽东选集》（第三卷），人民出版社1991年版，第1080页。
② 《建国以来重要文献选编》（第十九册），中央文献出版社1998年版，第483页。

正式确立，意味着中国共产党对于中国式现代化的实践目标和路线愈加明晰，并且经过多个"五年计划"的实施，我国各个领域的发展都取得了显著成就，为人类文明新形态的创造提供了宝贵的实践经验。

（二）中国特色社会主义文明形态的初步构建

党的十一届三中全会后，以邓小平同志为主要代表的中国共产党人，植根于中国实际，深刻揭示社会主义本质，在波澜壮阔的改革开放中，中国特色社会主义现代化文明形态开始形成，并不断得到丰富和发展。

1979年6月15日，邓小平在全国政协五届二次会议上明确指出："新时期统一战线和人民政协的任务，就是要调动一切积极因素，努力化消极因素为积极因素，团结一切可以团结的力量，同心同德、群策群力，维护和发展安定团结的政治局面，为把我国建设成为社会主义现代化强国而奋斗。"[①]自此之后，我们党在每次全国代表大会上，都从不同角度和不同侧重点，聚焦和强调社会主义现代化建设问题。党的十二大强调全面开创社会主义现代化建设的新局面。党的十三大把建设社会主义现

---

① 《中国共产党一百年大事记》（1921年7月—2021年6月），人民出版社2021年版，第111页。

代化国家纳入党在社会主义初级阶段的基本路线。党的十四大确定我国经济体制改革的目标是建立社会主义市场经济体制,党的十四届三中全会通过了《中共中央关于建立社会主义市场经济体制若干问题的决定》,勾画了社会主义市场经济体制的基本框架。党的十五大提出党在社会主义初级阶段的基本纲领,明确公有制为主体、多种所有制经济共同发展是我国社会主义初级阶段的一项基本经济制度。党的十六大强调我们党的庄严使命就是要实现包括推进现代化建设在内的三大历史任务,在中国特色社会主义道路上实现中华民族的伟大复兴。党的十六届三中全会通过了《中共中央关于完善社会主义市场经济体制若干问题的决定》。党的十七大强调,继续全面建设小康社会、加快推进社会主义现代化,完成时代赋予的崇高使命。

这一时期我国实现了生产力发展的历史性突破、人民生活提高的历史性跨越、中华民族从站起来到富起来的伟大飞跃,为人类文明新形态的创造提供充满活力的体制保证和快速发展的物质条件。

(三)新时代进一步深化和拓展对人类文明新形态的认识

党的十八大强调,建设中国特色社会主义,总任务是实现社会主义现代化和中华民族伟大复兴。党的十九大强调新时代中国特色社会主义思想，明确坚持和发展中国特色社会主义，总任务是实现社会主义现代化和中华民族伟大复兴。党的二十大提出，"中国共产党的中心任务就是团结带领全国各族人民全面建成社会主义现代化强国、实现第二个百年奋斗目标，以中国式现代化全面推进中华民族伟大复兴"[①]。

其中，从党的十六大到十九大，在把我国建成社会主义现代化强国的表述上，经过了从建成富强民主文明的社会主义现代化强国，到增加"和谐"而突出社会文明的建成富强民主文明和谐的社会主义现代化强国，再到增加"美丽"而突出生态文明建设的建成富强民主文明和谐美丽的社会主义现代化强国。

历史昭示，在革命时期初步提出理论构想，经过新中国成立特别是改革开放以来长期探索和实践基础上，经过党的十八大以来在理论和实践上的创新突破，我们党成功推进和拓展了中国式现代化。党的二十大报告指出："中国式现代化，是中国共产党领导的社会主义现代化，既有各国现代化的共同特征，更有基于自己国情的中国特色。"[②]

——中国式现代化是人口规模巨大的现代化。我国十四亿

---

①②　习近平：《高举中国特色社会主义伟大旗帜　为全面建设社会主义现代化国家而团结奋斗——在中国共产党第二十次全国代表大会上的报告》，人民出版社2022年版，第21页，第22页。

多人口整体迈进现代化社会，规模超过现有发达国家人口的总和，艰巨性和复杂性前所未有，发展途径和推进方式也必然具有自己的特点。我们始终从国情出发想问题、作决策、办事情，既不好高骛远，也不因循守旧，保持历史耐心，坚持稳中求进、循序渐进、持续推进。

——中国式现代化是全体人民共同富裕的现代化。共同富裕是中国特色社会主义的本质要求，也是一个长期的历史过程。我们坚持把实现人民对美好生活的向往作为现代化建设的出发点和落脚点，着力维护和促进社会公平正义，着力促进全体人民共同富裕，坚决防止两极分化。

——中国式现代化是物质文明和精神文明相协调的现代化。物质富足、精神富有是社会主义现代化的根本要求。物质贫困不是社会主义，精神贫乏也不是社会主义。我们不断厚植现代化的物质基础，不断夯实人民幸福生活的物质条件，同时大力发展社会主义先进文化，加强理想信念教育，传承中华文明，促进物的全面丰富和人的全面发展。

——中国式现代化是人与自然和谐共生的现代化。人与自然是生命共同体，无止境地向自然索取甚至破坏自然必然会遭到大自然的报复。我们坚持可持续发展，坚持节约优先、保护优先、自然恢复为主的方针，像保护眼睛一样保护自然和生态环境，坚定不移走生产发展、生活富裕、生态良好的文明发展道路，实现中华民族永续发展。

——中国式现代化是走和平发展道路的现代化。我国不走一些国家通过战争、殖民、掠夺等方式实现现代化的老路，那种损人利己、充满血腥罪恶的老路给广大发展中国家人民带来深重苦难。我们坚定站在历史正确的一边、站在人类文明进步的一边，高举和平、发展、合作、共赢旗帜，在坚定维护世界和平与发展中谋求自身发展，又以自身发展更好维护世界和平与发展。

关于中国式现代化的本质要求，习近平总书记说："坚持中国共产党领导，坚持中国特色社会主义，实现高质量发展，发展全过程人民民主，丰富人民精神世界，实现全体人民共同富裕，促进人与自然和谐共生，推动构建人类命运共同体，创造人类文明新形态。"①

历史证明：中国式现代化是以社会主义的先进生产关系促进本国落后的生产力跨越式发展的现代化，这是马克思唯物史观基本原理在中国的成功实践。同时，其彰显的文明逻辑和文明内核成功开创了人类文明新形态，这一文明形态的现代化内涵主要包括以下几个方面：一是多元融合。从多元文化中取长补短，吸

①《高举中国特色社会主义伟大旗帜　为全面建设社会主义现代化国家而团结奋斗——在中国共产党第二十次全国代表大会上的报告》，人民出版社2022年版，第23—24页。

收优秀的文化元素，创造出新的文化形态。二是系统创新。在科技、经济、社会、生态等方面都呈现出了新的特点。三是共创共享。共同创造创新，共享发展成果。四是全球化视野。走出国门，学习国外的先进科技、管理经验和文化内涵。同时，向世界展示中华优秀传统文化、科技和艺术成果。五是合作共赢。强调在开放的市场环境中，通过互补性推动共同发展，创造共赢。同时，人类文明新形态的开创意旨不仅限于提炼出了原创性的中国话语，还正确处理了创新性与超越性的统一，为广大发展中国家走向现代化提供了新的路径选择，为促进世界各国和平发展开创了新的文明格局。

二、生产力和生产关系基本适应的人类文明新形态

马克思曾说：不同的文明形态的区别"不在于生产什么，而在于怎样生产，用什么劳动资料生产"①，社会变迁的终极原因应到"生产方式和交换方式的变更中去寻找"②。人的生产活动是人类文明的直接前提，生产力的发展程度直接体现人类实践的高度，是人类文明变迁的动力源泉。这表明与中国式现代化同

① 《马克思恩格斯文集》（第五卷），人民出版社2009年版，第210页。
② 《马克思恩格斯文集》（第九卷），人民出版社2009年版，第284页。

步共进的人类文明新形态，其理论根基和动力源泉应该在解决生产力与生产关系、经济基础与上层建筑的矛盾并不断推进社会的全面进步与人的全面发展中寻找和探究。

（一）文明发展的"测量器"：生产力和生产方式的变革

马克思主义认为，生产力决定生产关系。在二者的关系中，生产力是居支配地位、起决定作用的方面。其一，生产力状况决定生产关系的性质。其二，生产力的发展决定生产关系的变化。同时，生产关系对生产力具有能动的反作用。主要表现为两种情形：当生产关系适应生产力发展的客观要求时，对生产力的发展起推动作用；当生产关系不适应生产力发展的客观要求时，就会阻碍生产力的发展。就内容看，这一规律概括了生产力和生产关系相互作用的两个方面。从过程看，这一规律表现为生产关系对于生产力总是从基本相适应到基本不相适应，再到新的基础上的基本相适应；与此相适应，生产关系也总是从相对稳定到新旧更替，再到相对稳定。生产力和生产关系的这种矛盾运动循环往复，不断推动社会生产发展，进而推动整个社会逐步走向高级阶段。

生产关系一定要适合生产力状况的规律是社会形态发展的普遍规律。因此可以说，生产力和生产方式的变革是文明发展的"测量器"。

（二）人类文明新形态彰显生产力和生产关系的辩证统一

人类文明新形态彰显生产力和生产关系的辩证统一是指人类文明新形态遵循人类文明发展的一般规律，这既包括文明对生产力与生产关系的普遍要求，也包括由此相应发生的其他领域的变化。

资本主义文明之所以相对于封建制度具有压倒性优势，首先就在于它创造了"比过去一切世代创造的全部生产力还要多，还要大"①的生产力，以及与之相适应的社会经济制度。英国在18世纪完成的社会革命，促使其率先摆脱封建社会关系的束缚，进入资本主义文明阶段。尽管这一社会革命的酝酿肇始于大航海时代世界市场的开辟，但真正推动社会革命进程的是蒸汽机、珍妮纺纱机以及机械织机等新型生产工具的发明与使用。随着工业经济在英国蓬勃兴盛，其创造社会财富的能力日益凸显，原有封建贵族的社会地位逐渐下降，在工业生产中起主导作用的资本家阶层社会地位迅速上升，资本成为支配群众的工具，资本主义文明得以建立。当然，正如资本主义文明的建立

---

① 《马克思恩格斯文集》（第二卷），人民出版社2009年版，第36页。

得益于生产力的发展一样，资本主义文明的消亡也根源于生产力的发展。资产阶级的生产和交换关系逐渐难以支配自己体内的强大生产力，资产阶级的历史就是现代生产力反抗现代生产关系、反抗作为资产阶级及其统治的存在条件的所有制关系的历史。因此，一种新的文明形态必将从资本主义内部生长起来，成为扬弃资本主义文明之后的产物。

中华人民共和国刚刚成立时，当时中国的经济远远落后于欧美发达国家，就是与亚洲许多国家相比也有一定的差距。1949年，人均国民收入只有27美元，相当于亚洲国家平均值的2/3。新中国从旧中国接收过来的是一副烂摊子。许多工厂倒闭，大批工人失业，通货膨胀，物价飞涨，人民生活遇到极大的困难。同历史上的最高水平相比，1949年，工业总产值减少一半，粮食产量减少约1/4。毛泽东十分关注中国社会主义的实现问题，分析了中国跨越资本主义"卡夫丁峡谷"的生产力条件。"卡夫丁峡谷"典故出自古罗马史。公元前321年，萨姆尼特人在古罗马卡夫丁峡谷击败了罗马军队，并迫使罗马战俘从峡谷中用长矛架起的形似城门的"牛轭"下通过，借以羞辱战败军队。后来人们以"卡夫丁峡谷"来比喻灾难性的历史经历。马克思晚年则引用它比喻资本主义制度。马克思认为，经济文化比较落后的国家，只要具备一定的条件，就可以跨越资本主义"卡夫丁峡谷"，以避免或减轻资本主义制度带来的痛苦和磨

难。对于中国能否跨越资本主义"卡夫丁峡谷"的问题，毛泽
东提出了社会主义革命与社会主义建设并举的过渡时期总路线，
并领导实现了对"卡夫丁峡谷"的成功跨越，消灭了剥削阶级
和剥削制度，完成了对生产资料私有制的社会主义改造，建立
了社会主义制度。

马克思主义认为，社会主义社会的基本矛盾即生产力与生
产关系之间的矛盾、经济基础与上层建筑之间的矛盾，同旧社
会的基本矛盾具有根本不同的性质和情况。以往一切旧社会的
基本矛盾是对抗性矛盾，而社会主义基本矛盾是非对抗性矛盾，
相适应是主要的、基本的，不相适应是次要的、非根本的。由
于社会主义社会基本矛盾的根本性质不同，所以，解决矛盾的
途径、方法也有根本区别。社会主义社会的基本矛盾不需要通
过推翻制度来解决，而可以通过改革开放，调整和完善社会主
义制度来解决。具体来说，是通过对社会主义具体制度进行改
革来实现的。基本制度和具体制度，是社会主义制度中既具有
不同地位和作用又相互联系的两个层面。社会主义基本制度是
社会主义生产关系和上层建筑的本质体现，决定着社会主义的
性质和方向。而社会主义具体制度，是社会主义基本制度的具
体表现形态，也就是通常所说的体制，它直接影响社会主义基
本制度优越性的发挥。邓小平认为，社会主义基本制度如公有
制、按劳分配、人民民主专政、人民代表大会制度等是正确的、

优越的，不能改变；而社会主义具体制度，即经济体制、政治体制和其他方面的体制，存在不少需要改革的环节和方面。依据这样的思路，中国共产党于1978年12月开启经济体制改革。1982年9月，党的十二大报告提出了"计划经济为主、市场调节为辅"的方针。1984年10月，党的十二届三中全会明确肯定商品经济的充分发展是社会主义经济发展的不可逾越的阶段。1987年10月，党的十三大进一步提出了社会主义应该是"计划与市场内在统一的体制"。1992年春，邓小平在视察南方的谈话中明确指出："计划多一点还是市场多一点，不是社会主义与资本主义的本质区别。计划经济不等于社会主义，资本主义也有计划；市场经济不等于资本主义，社会主义也有市场。计划和市场都是经济手段。"[1]党的十四大确立了我国经济体制改革的目标是建立社会主义市场经济体制。党的十四届三中全会通过的《中共中央关于建立社会主义市场经济体制若干问题的决定》指出，建立社会主义市场经济体制，就是要使市场在国家宏观调控下对资源配置起基础性作用。党的十五大确立了"公有制为主体，多种所有制经济共同发展"的社会主义市场经济制度，将社会主义制度与市场经济有效地结合起来。党的十六大把建立完善社会主义市场经济作为全面建设小康社会的一项重要目

---

① 《邓小平文选》（第三卷），人民出版社1993年版，第373页。

标，从新的高度赋予社会主义市场经济的价值内涵，实现了社会主义市场经济理论的进一步深化和发展。党的十七大提出了从制度上更好发挥市场在资源配置中的基础性作用，形成了有利于科学发展的宏观调控体系。党的十八大提出"更大程度更广范围发挥市场在资源配置中的基础性作用"，"尊重市场规律，更好发挥政府作用"。党的十八届三中全会通过的《中共中央关于全面深化改革若干重大问题的决定》指出："经济体制改革是全面深化改革的重点，核心问题是处理好政府与市场的关系，使市场在资源配置中起决定性作用和更好发挥政府作用。"党的十九大提出"经济体制改革必须以完善产权制度和要素市场化配置为重点"。党的二十大强调"坚持和完善社会主义基本经济制度，毫不动摇巩固和发展公有制经济，毫不动摇鼓励、支持、引导非公有制经济发展，充分发挥市场在资源配置中的决定性作用，更好发挥政府作用"。这些重要思想牢牢守住社会主义本质，构建高水平社会主义市场经济体制，在实现一系列理论创新的基础上，深化了对社会主义建设规律的认识。这是对资本主义文明的超越，并逐步展现了其适合全球发展的属性。这也充分验证，文明变迁的历史不是精神和意志自我运动的结果，不是无规律和神秘的历史运动，而是以唯物主义的、有规律的生产力和生产关系辩证统一的历史图景展现在我们面前。

三、经济基础和上层建筑相协调的人类文明新形态

马克思主义认为，经济基础和上层建筑的矛盾受生产力和生产关系矛盾的制约，生产力和生产关系矛盾的解决又依赖于经济基础和上层建筑矛盾的解决。生产力和生产关系之间、经济基础和上层建筑之间的矛盾运动推动着社会形态的依次更替。人类文明新形态是经济基础和上层建筑相协调的文明形态。

（一）文明发展的"推进器"：经济基础与上层建筑的变革

马克思主义认为，经济基础是指由社会一定发展阶段的生产力所决定的生产关系的总和。理解经济基础的内涵要把握两点：其一，社会的一定发展阶段上往往存在多种生产关系，但决定一个社会性质的是其中占支配地位的生产关系。其二，经济基础与经济体制具有内在联系。经济体制是社会基本经济制度所采取的组织形式和管理形式，是生产关系的具体实现形式。经济体制与生产力发展的关系更为直接、更为具体，在实践中它总是与社会的基本经济制度结合在一起。因此，经济体制的选择是否得当，对于基本经济制度即生产关系的自我完善和生

产力的发展起着极为重要的作用。

上层建筑是建立在一定经济基础之上的意识形态以及与之相适应的制度、组织和设施。自原始社会解体以来，上层建筑由意识形态，政治法律制度及设施和政治组织两部分构成。意识形态又称为观念上层建筑，主要包括政治法律思想、道德、艺术、宗教、哲学等。政治法律制度及设施和政治组织又称为政治上层建筑，包括国家政治制度、立法司法制度和行政制度，以及国家政权机构、政党、军队、警察、法庭、监狱等政治组织形态和设施。观念上层建筑和政治上层建筑的关系是：政治上层建筑是在一定意识形态指导下建立起来的，是统治阶级意志的体现；政治上层建筑一旦形成，就成为一种现实的力量，影响并制约着人们的思想理论观点。在整个上层建筑中，政治上层建筑居于主导地位，国家政权是政治上层建筑的核心。国家不是从来就有的，而是社会发展到一定历史阶段的产物。在原始社会，人们生产和生活的主要组织形式是氏族、胞族和部落，社会秩序依靠传统习惯和氏族首领的威信来维系。国家的产生，主要是由于这个社会陷入了不可解决的自我矛盾，分裂为不可调和的对立面而又无力摆脱这些对立面。而为了使这些对立面，这些经济利益互相冲突的阶级，不致在无谓的斗争中把自己和社会消灭，就需要有一种表面上凌驾于社会之上的力量，这种力量应当缓和冲突，把冲突保持在秩序的范围以内；这种从社会中产生但又自居于社会之上并且日益同社会相异化的力量，就是国家。

马克思主义认为，经济基础与上层建筑是辩证统一的。经济基础决定上层建筑，上层建筑反作用于经济基础，二者相互影响、相互作用。

首先，经济基础决定上层建筑。经济基础是上层建筑赖以产生、存在和发展的物质基础，上层建筑是经济基础得以确立其统治地位并获得巩固和发展不可缺少的政治、思想条件。任何上层建筑的产生、存在和发展，都能直接或间接地从社会的经济结构中得到说明。经济基础的性质决定上层建筑的性质，有什么样的经济基础就有什么样的上层建筑。经济基础的变更必然引起上层建筑的变革，并决定其变革的方向。

其次，上层建筑对经济基础具有反作用。集中表现在：上层建筑为自己的经济基础的形成和巩固服务，确立或维护其在社会中的统治地位。统治阶级总是利用和依靠自己在政治上、思想上的统治地位，通过国家政权和意识形态的力量，排除异己势力及其思想，力图将社会特别是经济关系控制在秩序的范围之内，维护自己在经济基础上的统治地位和根本利益。上层建筑这种反作用的后果可能有两种：当它为适合生产力发展要求的经济基础服务时，就成为推动社会发展的进步力量；反之，当它为落后的经济基础服务时，就成为阻碍社会发展的消极力量。

再次，经济基础与上层建筑的相互作用构成二者的矛盾运动。这种矛盾运动在实际运行中是极为复杂的。其一，在同一性质的经济基础与上层建筑的关系中，上层建筑的不完善部分、没有反映经济基础要求的部分都会同经济基础发生矛盾。其二，在不同性质的经济基础与上层建筑的关系中，矛盾更为复杂，主要表现在：占统治地位的经济基础同旧上层建筑的残余、未来上层建筑的萌芽之间的矛盾，新旧上层建筑之间、新旧经济基础之间的矛盾等。其三，当一种社会形态处于上升发展阶段时，上层建筑对于经济基础一般是适应的；当一种社会形态处于没落时期时，上层建筑同经济基础变革的客观要求是不相适应的，其矛盾则变为对抗性的、全局性的矛盾。

最后，经济基础和上层建筑之间的内在联系构成了上层建筑一定要适合经济基础状况的规律。这里的"一定要适合"是指：经济基础状况决定上层建筑的发展方向，决定上层建筑相应的调整或变革；上层建筑的反作用也必须取决于和服从于经济基础的性质和客观要求。

经济基础和上层建筑矛盾运动的一般规律，同样适合于社会主义社会。但社会主义经济基础和上层建筑的产生、它们之间矛盾的性质和解决的途径都具有特殊的性质和特点。社会主义的上层建筑先于自己的经济基础而产生，并成为建立社会主义经济基础的政治前提。这是上层建筑适合经济基础状况规律的特殊表现形式。在社会主义社会中，经济基础和上层建筑的矛盾一般表现为人民内部的非对抗性矛盾，可以通过社会主义制度自身的力量进行调整和克服，而不像在私有制社会那样要根本改变社会制度才能解决。社会主义上层建筑在为自己的经济基础所决定的前提下，对自己的经济基础具有不同于以往社会的巨大反作用。

（二）人类文明新形态彰显经济基础和上层建筑之间的辩证统一

人类社会发展的历史亦是人类文明的发展史。中华传统文明形态是中国封建社会生产力、生产关系、政治上层建筑、观念上层建筑的综合统一体。近代以来，随着传统中国小农经济的衰退，中国传统文化也在不断发展变迁。可以说，人类历史上任何一种新制度战胜旧制度，文化都以潜移默化、润物无声的方式，指引方向、激发活力、启迪思想，为社会变革提供强大精神支撑。正如毛泽东所说："人类的历史，就是一个不断地从必然王国向自由王国发展的历史。这个历史永远不会完结……人类总得不断地总结经验，有所发现，有所发明，有所创造，有所前进。"①根除中华传统文明形态中的弊病，使社会主义社会摆脱历史周期率的支配，使悠远的中华文明以崭新的人类文明新形态的姿态重立于世界之巅，是一百多年来中国共产党的核心任务之一。

中华人民共和国是工人阶级领导的、以工农联盟为基础的人民民主专政的社会主义国家。这就是新中国的国体。新中国的政体是人民代表大会制度；它的国家结构形式是统一的多民族国家和在单一制国家中的民族区域自治制度；它的政党制度是中国共产党领导的多党合作和政治协商制度。

中华人民共和国成立之初，在党中央和毛泽东的正确领导下，依靠工人阶级、农民阶级、知识分子和全体人民意气风发的共同奋斗，我国在三年内就根本扭转了国民党反动统治者留下的混乱局面，实现了政治、经济、社会的稳定，新生的人民政权日益巩固和强大起来，初步实现了经济基础与上层建筑的内在统一。

第一，人民民主专政的上层建筑，以其巨大的能动作用，影响了社会生产关系的改变，并为这一改变提供了强有力的政治保障。第二，正是在上层建筑的强有力的政治保障之下，作为恢复经济的最重要物质前提——对官僚资本的全面没收，使

---

① 《毛泽东著作选读》（下册），人民出版社1986年版，第845页。

新生的人民政权顺利而迅速地建立起了坚实的国营经济基础，一开始便确立了社会主义经济力量在整个国民经济中的领导地位，使社会主义经济制度的建立，具有了最现实的可能性。第三，在经济恢复工作中，中央人民政府实行了全国财政经济的空前统一，使国民经济开始走上计划经济的轨道。这一经济新秩序的建立，成为新中国走上社会主义道路的关键因素。第四，在恢复经济过程中，国家通过合理调整工商业，帮助民族资本主义、私营企业摆脱了停工歇业的困境，但同时也把它们初步纳入到了国家资本主义计划经济的轨道中来，为随后到来的社会主义改造具备了现实条件。第五，在调整工商业的过程中，暴露出一些资本家唯利是图、危害国家的非法行为。由此，反对资产阶级的任务，被提上日程。第六，作为朝向社会主义转变的另一项重要内容，在国民经济恢复时期即已开始的农业生产互助合作运动，不仅存在现实的必要性，而且在最初阶段上，也确实是由中国农民自愿的互助合作要求所引发的。总之，正是由于以上这些特定的历史条件，决定了新中国在1956年底，实现了对农业、手工业和资本主义工商业的社会主义改造，标志着中国历史上长达数千年的阶级剥削制度的结束，实现了由新民主主义向社会主义的转变，社会主义基本制度在我国初步确立，这就使社会生产力从旧的生产关系的束缚中解放出来，为在社会主义条件下取得比资本主义更快更好的现代化发展速度铺平了道路。1981年6月，党的十一届六中全会通过的《关于建国以来党的若干历史问题的决议》明确指出，社会主义改造尽管存在某些缺点和偏差，但整个来说，在一个几亿人口的大国中比较顺利地实现了如此复杂、困难和深刻的社会变革，促进了工农业和整个国民经济的发展，这充分验证了我们对经济基础与上层建筑辩证统一的规律性认识。

1978年始，中国共产党人带领中国人民有计划地从保守的自然经济、僵化的计划经济逐渐有序地转变为富有活力的现代市场经济、混合经济，建设中国特色社会主义市场经济。从上层建筑方面看，我们党在推动经济基础建立和变革的同时，逐步推动上层建筑各领域改革，使之相互适应、相互配套。改革开放40多年来，我们共进行了九次国家机构改革。2023年启动的深化党和国家机构改革更加深入和系统。根据《党和国家机构改革方案》表述，以加强党中央集中统一领导为统领，以推进国家治理体系和治理能力现代化为导向，坚持问题导向，统筹党中央机构、全国人大机构、国务院机构、全国政协机构、中央和地方，深化重点领域机构改革，推动党对社会主义现代化建设的领导在机构设置上更加科学、在职能配置上更加优化、在体制机制上更加完善、在运行管理上更加高效。从成效上看，此次机构改革撤去了较多散乱的机构，通过职责整合使机构更加精简高效，大大减少了机构间职责分散、重复多余的问题。

另外，注重对社会需求和发展战略的回应，特别是对过去没有重视到的问题及时给予关注和回应，职能调整弥补了机构职责缺位、职责乏力的领域，这样就进一步实现了经济基础与上层建筑的内在统一。

新时代以来的全面深化改革，实质就是要不断促进现代化建设各个环节、各个方面相协调，不断促进生产力与生产关系、经济基础与上层建筑相协调，为不断解放和发展生产力、继续充分释放全社会创造活力提供制度保障，使人类文明新形态不断发展和完善。

1945年7月，黄炎培先生向毛泽东提出，中国共产党应找出一条新路，跳出"其兴也勃焉，其亡也忽焉"的历史周期率。毛泽东回答："我们已经找到了新路，我们能跳出这周期率。这条新路，就是民主。"[①]毛泽东只给出了跳出历史周期率的原则性方法，但没有对如何"民主"作出详尽的说明。七十多年后，人类文明新形态将人民群众利益要求与共产党执政规律有机统一，实现了全链条、全方位、全覆盖的民主，实现了最广泛、最真实、最管用的社会主义民主，在实践中确证了毛泽东"民主新路"的真理性。探究历史的内在机理，人民群众贫富差距过大、生活水平低下，社会不公是产生"其兴也勃焉，其亡也

---

① 黄炎培：《八十年来》，文史资料出版社1982年版，第148—149页。

忽焉"的历史周期率的根本原因；与之相反，维护人民群众利益则是超越此历史周期率的根本内驱力，有了人民群众的拥护，历史周期率将失去发挥效用的条件。一方面，人类文明新形态紧紧扭住物质文明这个中心，突出"富强""经济建设""小康社会""共同富裕"等物质文明建设要求，全面建成了小康社会，历史性地解决了绝对贫困问题，消除了历史周期率赖以存在的社会物质基础。另一方面，坚持走群众路线，以民主监督为制度保障，尊重人民群众首创精神，使国家政权成为人民政权，消除了历史周期率赖以存在的阶级基础和政治基础。从规律性认识层面彰显了经济基础与上层建筑的辩证统一。另外，中国人民以人类文明新形态的成功创立在融通中国梦与世界梦中为其他国家提供多样化的文明实践路径。从这个意义上讲，人类文明新形态进一步在世界层面上彰显了经济基础和上层建筑之间的辩证统一。

四、"现实的人"的自我认识与自我解放

世界的物质统一性原理是辩证唯物主义最基本、最核心的观点，是马克思主义的基石。人类文明的本质是一定生产力水平基础之上的生产方式、上层建筑以及意识形态的整体表现，

在不同社会时代，它又反映了特定的阶级关系和民族关系。马克思认为，人民群众的实践活动是文明规律形成的源泉，人民群众的人心向背体现了人类文明发展的趋势。因此，"大历史观"要求必须把是否符合现实的人的根本利益作为分析、评判人类文明新形态的"最高标准"。

（一）什么是"现实的人"

历史当然是人创造的，不能脱离人去探索历史的创造者。但唯物史观认为，人不是抽象的而是现实的，现实的人及其活动是社会历史存在和发展的前提。

"现实的人"这一概念是马克思历史唯物主义研究的出发点和归宿点。所谓现实的人，"不是处在某种虚幻的离群索居和固定不变状态中的人，而是处在现实的、可以通过经验观察到的、在一定条件下进行的发展过程中的人"[①]。这种"现实的人"无论是个体的存在形式，还是群体的存在形式，都不可能脱离于历史与现实。马克思正是发现了人类历史发展和现实社会生产的规律，才揭示了资本主义生产对人的抽象性和虚假性的塑造。由此可见，个人与社会之间的关系是"现实的人"得以形成的

① 《马克思恩格斯文集》（第一卷），人民出版社2009年版，第525页。

要素。对此，马克思指出，"人的本质不是单个人所固有的抽象物，在其现实性上，它是一切社会关系的总和"①。

这就告诉我们，人的本质属性是社会属性，而不是自然属性；人的本质属性表现在各种社会关系中；人的本质是变化、发展的，而不是永恒不变的。这一观点强调了个人与社会的统一，要求人们从一定的社会关系包括阶级关系中去认识和把握一定群体和个人的本质及作用。

从实践上看，"现实的人"具有五重属性：作为具有动物性需求的自然存在物、作为社会关系总和的社会存在物、作为有意识生物的类存在物、作为超越当下的实践存在物以及作为具体条件下的历史存在物。因此，为了克服自发和盲目的状态，人需要具有对自我的理性认识，在认识自身和社会的过程中积极开展实践活动，对违背规律的实践进行纠偏，不断挣脱束缚人和社会的各种枷锁，在自我解放不断深入的过程中通达"自由王国"。

因此，所谓"现实的人"不仅需要满足自身对物质资料上的需求，还有对自身获得社会地位和获得他人认同的需求。

---

① 《马克思恩格斯文集》（第一卷），人民出版社2009年版，第505页。

（二）社会主义社会："现实的人"

唯物史观将唯物主义融入人类的经济社会的历史之中，正确阐明了人类经济社会发展的规律，实现了人的现实性。唯物史观中的"现实的人"为人民至上提供了基础的遵循，它是人民至上的理论起点，是唯物史观同中国具体实际以及同我们党执政为民相结合的产物。这就充分显现了我们党的人民性和党性。

在唯物史观的基本构架中，有了"现实的人"的基础方可构建社会历史。中国共产党带领中国人民奋斗的一百多年历史不是一部资本增殖史，而是一部不断认识"现实的人"的丰富属性的历史。

我们党来自人民、植根人民、服务人民，除了工人阶级和最广大人民群众的利益，党没有自己特殊的利益，任何时候都把群众利益放在第一位，不允许任何党员脱离群众，凌驾于群众之上。在纪念红军长征胜利80周年大会上，习近平总书记向广大党员干部深情讲述了长征路上半条棉被的故事：在湖南汝城县沙洲村，3名女红军借宿徐解秀老人家中，临走时把自己仅有的一床被子剪下一半给老人留下了。老人说，什么是共产党？共产党就是自己有一条被子，也要剪下半条给老百姓的人。一滴水可以折射出太阳的光辉，半床被子彰显出共产党人的本色。

在革命、建设和改革的不同历史时期，我们党始终把人民放在心中最高位置，始终全心全意为人民服务，始终为人民利益和幸福而努力工作；我们党制定的路线、方针、政策都充分体现了最广大人民的根本利益。1978年冬，安徽省凤阳县小岗村18户农民，冒着风险，在包干合同书上按下了手印。小岗村创造的包干到户，就是"保证国家的，留足集体的，剩下都是自己的"。这个办法简便易行，成效显著，受到农民欢迎。1980年5月31日，邓小平在同中央负责工作人员谈话时指出，农村政策放宽以后，一些适宜搞包产到户的地方搞了包产到户，效果很好，变化很快。我们总的方向是发展集体经济。关键是发展生产力，要在这方面为集体化的进一步发展创造条件。1982年1月1日，中共中央批转《全国农村工作会议纪要》，肯定包产到户等各种生产责任制都是社会主义集体经济的生产责任制。1982年至1986年，中共中央就农业和农村问题连续发出5个一号文件。农村家庭联产承包责任制极大地解放了农村生产力，极大地调动了亿万农民的积极性。历史潮流浩浩荡荡，为顺应农业农村发展形势、全面推进现代农业建设，2009年开始，我国开始在试点地区开展农村承包地确权登记颁证试点，为承包农户颁发农村土地承包经营权证。党的十九大报告提出："巩固和完善农村基本经营制度，深化农村土地制度改革，完善承包地'三权'分置制度。保持土地承包关系稳定并长久不变，第二轮土地承包到期后再延长三十年。深化农村集体产权制度改革，保障农民财产权益，壮大集体经济。"①党的二十大报告强调："巩固和完善农村基本经营制度，发展新型农村集体经济，发展新型农业经营主体和社会化服务，发展农业适度规模经营。深化农村土地制度改革，赋予农民更加充分的财产权益。保障进城落户农民合法土地权益，鼓励依法自愿有偿转让。"②这一套政策的实行，解放了我国农村的生产力，开创了我国农业发展史的黄金时代。

可以说，一百多年来中国共产党人始终关注"现实的人"的生存境遇，在此基础上，在民生领域提出并坚持贯彻"幼有所育、学有所教、劳有所得、病有所医、老有所养、住有所居、弱有所扶"，维护人民根本利益，增进民生福祉，不断实现发展

---

① 习近平：《决胜全面建成小康社会　夺取新时代中国特色社会主义伟大胜利——在中国共产党第十九次全国代表大会上的报告》，人民出版社2017年版，第32页。

② 习近平：《高举中国特色社会主义伟大旗帜　为全面建设社会主义现代化国家而团结奋斗——在中国共产党第二十次全国代表大会上的报告》，人民出版社2022年版，第31页。

为了人民、发展依靠人民、发展成果由人民共享，让现代化建设成果更多更公平惠及全体人民，推动共同富裕的实现。

社会主义把"现实的人"——人民作为实践主体、认识主体、价值主体、历史主体，始终坚持人民立场，坚信党的根基和力量在人民，体现中国共产党人的治国理念和执政实践。人民立场宛若一根红线，流淌于中国共产党人的血脉之中，是人类文明新形态生成的思想动力。

结语：人类文明新形态具有动力来源总体性特点，这是探究人类文明新形态生成的内在依据问题。整个世界是相互联系的统一整体。从无机界到有机界，从自然界到人类社会，任何事物都处在普遍联系、相互作用之中。人类社会本质上是生产实践基础上形成的物质体系。从文明的历时性看，生产力的发展是文明变迁的动力源泉；从文明的共时性看，生产关系是文明秩序的内在规定，作为生产力与生产关系综合的生产方式（经济基础与上层建筑）则决定文明的形态。中华人民共和国的成立，从根本上解决了启动现代化的基本政治前提，与近代历届政府相比，中国共产党领导的中央政府具有最强的社会整合与动员能力。正因为如此，中华人民共和国成立后不久就迅速奠定了国家工业化的初步基础，新时期的改革开放也使得现代化建设取得非凡的"比较优势"，而其中最大的"比较优势"
就是"国家力量"即上层建筑的"大一统"力量。在此过程中，
中国共产党带领全国各族人民在生产力和生产关系基本适应中、
在经济基础与上层建筑的辩证统一中，不断深化对"现实的人"
的自我认识与自我解放，努力铸就社会主义社会全面发展的人。

第二章

人类文明新形态的出场逻辑

　　人类历史发展到今天，与马克思所处的时代相比已经发生了巨大而深刻的变化，但从人类历史发展的大视野来看，世界仍然处于马克思主义所指明的从资本主义走向社会主义的大时代。马克思主义所揭示的资本主义基本矛盾仍然存在，而且在近年来西方的金融危机和社会危机中呈现出某种激化的趋势。人类文明新形态是理论与实践、历史与时代相统一的产物，人类文明新形态阐发于马克思主义对资本主义文明衰落与社会主义文明兴起的科学预测中，诞生于中国式现代化新道路探索的伟大实践中，养成于中华优秀传统文化的滋养灌溉中，铸就于中国共产党领导的一百多年壮阔航程中。具体来说，人类文明新形态是中国共产党领导人民充分发挥历史主动精神和历史创造精神，历经千辛万苦和巨大牺牲创造出来的新的人类文明成果。五千年中华文明是其精神标识，共产主义是其理想向度，"物质文明、政治文明、精神文明、社会文明、生态文明"协调发展是其基本内容，借鉴吸收一切人类优秀文明成果是其丰富源泉。

一、精神标识：五千年中华文明的赓续传承

中华文明是人类文明的发展源头之一，同时也是世界历史上唯一实现连续发展的文明体。它的延续与发展是一个别开生面的历史性过程，"万年前的文明起步，从五千年前后氏族国家到国家的发展，再到早期古国发展为多个方国，最终发展为多源一统的帝国"①。

从纵向来看，它所孕育的文明源远流长、博大精深，在16世纪之前几千年的世界历史中，都处于相对领先的地位，取得了世所罕见的成就。

西周时期，形成了以儒学为主体的多元包容性文化。"仁爱"是儒家价值观的核心，儒学始终将仁德置于道德体系和价值体系的首位。春秋战国时期，诸子百家相继登上历史舞台，中华文化和精神根脉在各家共现之际不断融合发展，展现出百家争鸣、异彩纷呈的璀璨局面。汉代以后，中华文明逐渐由多元走向一统，"罢黜百家，独尊儒术"成为封建统治者的政治需要。儒学由个人修养和家庭伦理意涵，扩展到政治修养，上升

① 苏秉琦：《中国文明起源新探》，商务印书馆1997年版，第142页。

到制度化、规范化的政治高度，以儒家的主体精神为依托，注重发挥文以化人的教化功能，构建了一套具体的政治制度和信仰体系，把对个人、社会的教化同国家的治理结合起来，达到相辅相成、相互促进的目的。南北朝以后，尤其是到宋代，中华文化的包容性使得儒学得以吸收和融合道教、佛教的精髓，形成庞杂的儒学思想体系。

从横向来看，中华文化为中华五十六个民族的身份认同、团结友爱提供着心理归宿、精神纽带，使包括港澳台同胞、海外侨胞在内的全体中华儿女有了共同的思想基础。它犹如一条血脉，作为中华民族最根本的精神基因，为中华民族五千多年的披荆斩棘、奋勇前进提供着滔滔不绝的精神动力和智慧源泉。

近代以来，西方借助航海、殖民和贸易，掠夺我们的资源，使其文明形态产生跃迁。晚清时期，西方文明的侵蚀，使这种具有启蒙意义的传统思想蒙尘含垢，使曾经熠熠生辉的中华文明逐渐跌入低谷。然而，中华文明的源流血脉不可能消失在"他者"的文明形态之中。

马克思主义是由马克思和恩格斯创立并为后继者所不断发展的科学理论体系，是关于自然、社会和人类思维发展一般规律的学说，是关于社会主义必然代替资本主义、最终实现共产主义的学说，是关于无产阶级解放、全人类解放和每个人自由而全面发展的学说。从总体价值意义上讲，中华优秀传统文化在社会目标、文明视野、顶层设计等多个方面与马克思主义相契合，为人类文明新形态的产生和发展奠定了根基，鲜明地投射出中华文明的精神特质，凝结着中华文明的精神内核，流淌着绵延不断的中华血脉，成为其精神标识。

在价值理念方面，在中国传统的社会及文化生态中，大一统政制传统及其基本的秩序理念、价值导向维系了中国社会和中华民族整体的长期存续和发展。在中国，家国至上的感性的政治始终都是社会生活的主流，也始终是中国社会与国家历史理性的选择。马克思主义提出的"为绝大多数人谋利益"实际上同中华传统文化中提出的"民为邦本""为政以德"具有内在的一致性和相洽性。到了近现代的中国，基于此种千年一系的大一统"民为邦本"理念逐渐形成了中国特色政治秩序的基本内核，亦即中国特色社会主义政治制度的人民立场。

在文明目标方面，"天下为公，世界大同"，蕴含了人们对幸福生活、共同富裕的期盼和憧憬，也是中国人民自古以来为之奋斗的理想追求，与马克思主义追求的实现共产主义的远大理想在很大程度上相适应。大同思想源于先秦时期，儒家经典著作《礼记》曾有过详尽描述，"大道之行也，天下为公是谓大同"。20世纪以来，这一深具民族性的价值传承与人类现代文明的精华——马克思主义相结合，发生了创造性转换，获得了新的、先进的和现实的体现形式——中国特色社会主义，成为中国制度建构以及政治实践的正当性基础。

在文明视野方面，中华文明自古就有超越国家界限的"天下观念"。这种天下情怀与西方哲学"有意义的他者"和马克思主义的共产主义理想相契合，但又凸显中华文明独有的"合""和"思想和贵德情怀。中国特色社会主义继承"天下观念"又赋予其时代内涵，深度关切全人类共同利益，以文明平等互鉴为文明交流原则，为人类命运共同体的构建奠定思想基础。

在治国理政方面，中华优秀传统文化蕴含的"德主刑辅""以德化人"的执政传统与当代中国依法治国和以德治国相结合的治国方针相契合；"先义后利""重义轻利"的义利传统为先富带动后富提供社会思想支撑；生态文明建设借鉴了"天地与我并生""万物与我为一"的天人观念。这些优秀传统文化在为中国特色社会主义的当代建构提供精神指引的同时，也以富含时代精神的面貌重现中华文明的光辉。

在工作方法上，马克思主义强调物质第一性，这同中华传统文化中的"格物致知""知行合一"有着极其相似的地方，如荀子的"不闻不若闻之，闻之不若见之，见之不若知之，知之不若行之"；刘向的"耳闻之不如目见之，目见之不如足践之，足践之不如手辨之"；扬雄的"君子强学而力行"；朱熹的"知之愈明，则行之愈笃；行之愈笃，则知之益明"；王阳明的"知者行之始，行者知之成；圣学只一个功夫，知行不可分作两事"和"知之真切笃实处即是行，行之明觉精察处即是知，知行工夫本不可离"；王夫之的"知行相资以为用"和"知者非真知也，力行而后知之真"等。毛泽东将二者融合起来，借用一个古老成语"实事求是"表达出了中国共产党人的思想路线。

在国际战略上，马克思主义把"自由人联合体"作为"真正的共同体"，号召"全世界无产者联合起来"，中国共产党把这一思想同中华文明的"协和万邦"之道融合到一起，提出了构建人类命运共同体的主张。

除此之外，在中国共产党人领导的广大人民群众所开创的现代化事业中，艰苦朴素成为基础性底色；团结奋斗成为首要性思想；开拓创新成为根本性动力；公而忘私成为普遍性理念；天下兴亡，匹夫有责成为内生性情怀……中华优秀精神特质在广大劳动人民身上展现得淋漓尽致，在中国式现代化建设的伟大事业中得以精彩呈现。

马克思指出，人们是在"直接碰到的、既定的、从过去承继下来的条件下"创造历史[①]。中华优秀传统文化塑造人类文明新形态的精神标识，而人类文明新形态作为中华文明的当代表现，亦是对中华文明的赓续和发展，是建设中华民族现代文明

[①] 《马克思恩格斯文集》（第二卷），人民出版社2009年版，第470—471页。

的重要组成部分。

二、理想向度：五百年社会主义文明的坚守

科学社会主义是指导世界社会主义建设发展的科学理论和社会实践，是人类关于社会发展理论的最新成果，也是国际共产主义运动实践的指南。近代以来，中华民族走过了跌宕起伏、波澜壮阔、沧海桑田的历史。马克思主义传到中国以后，中华民族的伟大复兴、中国的现代化进程就同马克思主义发生了密切的内在关联。到今天，中国选择、中国理论和实践探索的伟大成果——人类文明新形态，充分彰显了对五百年科学社会主义文明的坚守。

（一）社会主义制度的建立，奠定了创造人类文明新形态的政治前提和制度基础

1949年10月1日，首都军民30万人齐集北京天安门广场举行开国大典，欢庆中华人民共和国的诞生。中华人民共和国的成立，实现了中国从几千年封建专制政治向人民民主的伟大飞跃，宣告中国人民当家作主的时代已经到来，具有五千多年文

明历史的中华民族从此进入了发展进步的历史新纪元。

第一，帝国主义列强压迫中国、奴役中国人民的历史从此结束，中华民族一洗一百多年来蒙受的屈辱，开始以崭新的姿态自立于世界民族之林。占人类总数四分之一的中国人从此站立起来了。

第二，本国封建主义、官僚资本主义统治的历史从此结束，长期以来受尽压迫和欺凌的广大中国人民在政治上翻了身，第一次成为新社会、新中国的主人。一个真正属于人民的共和国成立了。

第三，军阀割据、战乱频仍、匪患不断的历史从此结束，国家基本统一，民族团结，社会政治局面趋向稳定，各族人民开始过上安居乐业的生活。人民可以集中力量从事经济、政治、文化、社会等方面建设的时期开始到来了。

第四，为实现由新民主主义向社会主义的过渡，并在社会主义道路上实现中华民族的伟大复兴，创造了政治前提。

第五，中国共产党成为全国范围内的执政党。它可以运用国家政权凝聚和调集全国力量，巩固民族独立和人民解放的成果，解放并发展社会生产力，以造福于各族人民，造福于整个中华民族。

中华人民共和国的成立，标志着中国的新民主主义革命取得了基本的胜利，标志着半殖民地半封建社会的结束和新民主主义社会在全国范围内的建立。这是马克思主义同中国实际相结合的伟大胜利。近代以来中国面临的第一项历史任务，即求得民族独立和人民解放的任务基本上完成了。这就为实现第二项历史任务，即实现国家的繁荣富强和人民的共同富裕，创造了前提，开辟了道路。

中国的新民主主义社会经历了两个发展阶段。中华人民共和国成立以前，新民主主义社会是在局部地区建立起来的，这就是当时的各个解放区。在这里，半殖民地半封建的社会制度被废除，但民主革命的任务尚未完成，这时的新民主主义社会还不具备向社会主义过渡的条件。1949年中华人民共和国的成立，标志着新民主主义革命阶段的基本结束和社会主义革命阶段的开始，即进入由新民主主义到社会主义的过渡时期。这时的新民主主义社会，就已经是一个属于社会主义体系的和逐步过渡到社会主义社会的过渡性质的社会。

随着社会主义改造的进行，我国的人民民主政治建设也在有步骤地向前推进。1954年9月，第一届全国人民代表大会的召开和《中华人民共和国宪法》的制定及颁布施行，为各族人民参与国家政治生活提供了必要条件和保证，为逐步健全和完善我国社会主义政治制度奠定了坚实的基础，成为我国社会主义民主政治建设的里程碑。这部宪法明确规定了我国人民民主专政的国体和人民代表大会制度的政体。人民代表大会制度这一根本政治制度、中国共产党领导的多党合作和政治协商制度、民族区域自治制度这些基本政治制度的确立，表明我国由一个新民主主义的国家转变为社会主义国家。

1956年底，我国对农业、手工业和资本主义工商业的社会主义改造基本完成，我国社会经济结构发生了根本变化，社会主义经济成分已占绝对优势，社会主义公有制已成为我国社会的经济基础，标志着中国历史上长达数千年的阶级剥削制度的结束和社会主义基本制度的确立，社会主义制度从本质属性上廓清了中国革命和建设道路的人类文明形态。

社会主义制度的建立为创造人类文明新形态奠定了根本政治前提和制度基础，宣告了资本主义文明不再是中国共产党和中国人民的选项，中国共产党完成了对人类文明新形态探索的本质属性的制度定位和理想向度选择。

（二）中国特色社会主义的探索，为人类文明新形态铸造了鲜明特色

"中国特色社会主义"是一面鲜明的旗帜。这是中国共产党人接力奋斗的结果。1982年，邓小平同志在党的十二大开幕词中提出，走自己的路，建设有中国特色的社会主义。此后，从党的十三大到党的二十大，"中国特色社会主义"都是大会报告

的主题词。

什么是"中国特色社会主义"？第一，我们要建设的是社会主义社会，绝不是其他什么社会。第二，我们所要建设的社会主义，必须按照中国的实际国情来办，具有中国特色，别国的建设和管理经验，无论是苏联的还是西方国家的，都可以而且应该积极学习和借鉴，但是决不能照抄照搬。简单地说，中国特色社会主义，就是指既坚持马克思主义基本原则，又根据时代条件赋予其鲜明中国特色的社会主义，其中最本质的特征是中国共产党的领导。

在改革开放40多年的发展历程中，中国特色社会主义始终是我们党全部的理论和实践的主题，这源于其背后深刻的经济根源。中国特色社会主义创立的主要目的，就是要解决当时中国生产力落后于时代的国情问题，最终走向共产主义。作为一种社会制度，中国特色社会主义的独特性在于，它也是由公有制来决定的，但与马克思论述的公有制不同之处在于，它的核心是以公有制为基础、多种所有制经济共同发展，可以发展个体经济、私营经济和外资经济，是在坚守共产主义发展方向的前提条件下，通过发展民营经济盘活各种资源，解决生产力落后的问题。为此，我们党走出了一条非同寻常的社会主义市场经济创建之路。在实现一系列理论创新的基础上，深化了对社会主义建设规律的认识，并逐步展现了其适合全球发展的属性，这是中国的独创性实践，是马克思主义政治经济学理论在中国的重大创新发展。

在中国特色社会主义初步探索和逐步发展推进的同时，中国制度也呈现从社会主义制度再到中国特色社会主义制度的完备演进，并最终呈现出内涵丰富的制度体系，这个体系从横向的制度结构方面看，包括经济制度、政治制度、文化制度、社会制度、生态制度等方面，不同领域的制度互为影响和制约；从纵向的体系脉络看，包括根本制度、基本制度、具体制度，三个层面有机贯通、相互联系。在国家治理层面，为实现国家治理体系和治理能力的现代化，使制度成为更稳定、更持久、更管用的因素，国家治理体系与国家制度建设实现了一体两翼式发展，使制度优势在治理实践中不断转化为治理效能。当然，正如习近平总书记所指出的："中国特色社会主义制度是特色鲜明、富有效率的，但还不是尽善尽美、成熟定型的。中国特色社会主义事业不断发展，中国特色社会主义制度也需要不断完善。"①在党的十九届四中全会上，中国特色社会主义制度和国家治理体系的十三个显著优势得以完整概括，全景呈现了中华人民共和国成立以来中国制度在各领域的发展性、成熟性、完备性，充分说明了"制度更加成熟更加定型是一个动态过程"，是

---

① 《十八大以来重要文献选编》（上），中央文献出版社2014年版，第75页。

随着中国改革开放同步进行、同向前进的。

这十三个显著优势是：坚持党的集中统一领导，坚持党的科学理论，保持政治稳定，确保国家始终沿着社会主义方向前进的显著优势；坚持人民当家作主，发展人民民主，密切联系群众，紧紧依靠人民推动国家发展的显著优势；坚持全面依法治国，建设社会主义法治国家，切实保障社会公平正义和人民权利的显著优势；坚持全国一盘棋，调动各方面积极性，集中力量办大事的显著优势；坚持各民族一律平等，铸牢中华民族共同体意识，实现共同团结奋斗、共同繁荣发展的显著优势；坚持公有制为主体、多种所有制经济共同发展和按劳分配为主体、多种分配方式并存，把社会主义制度和市场经济有机结合起来，不断解放和发展社会生产力的显著优势；坚持共同的理想信念、价值理念、道德观念，弘扬中华优秀传统文化、革命文化、社会主义先进文化，促进全体人民在思想上精神上紧紧团结在一起的显著优势；坚持以人民为中心的发展思想，不断保障和改善民生、增进人民福祉，走共同富裕道路的显著优势；坚持改革创新、与时俱进，善于自我完善、自我发展，使社会始终充满生机活力的显著优势；坚持德才兼备、选贤任能，聚天下英才而用之，培养造就更多更优秀人才的显著优势；坚持党指挥枪，确保人民军队绝对忠诚于党和人民，有力保障国家主权、安全、发展利益的显著优势；坚持"一国两制"，保持香港、澳门长期繁荣稳定，促进祖国和平统一的显著优势；坚持独立自主和对外开放相统一，积极参与全球治理，为构建人类命运共同体不断作出贡献的显著优势。这些显著优势实际上是对这十三个方面工作从制度层面进行的概括和总结：第一说的是坚持党的领导的优势；第二说的是保证人民当家作主的优势；第三说的是全面依法治国的优势；第四说的是坚持民主集中制，发挥集中力量办大事的优势；第五说的是民族政策和制度的优势；第六说的是中国特色社会主义经济制度的优势；第七说的是中国特色社会主义文化制度的优势；第八说的是民生和社会保障制度的优势；第九说的是改革创新的制度优势；第十说的是人才制度的优势；第十一说的是党对人民军队绝对领导的制度优势；第十二说的是"一国两制"的制度优势；第十三说的是对外开放和外交方面的制度优势。这十三个方面的显著优势是对我国国家制度和国家治理体系的一次科学、系统、客观的全面总结，反映了我们党在改革发展稳定、内政外交国防、治党治国治军各个方面的制度创新成果，环环相扣，缺一不可，全面揭示了中国特色社会主义科学制度体系的优越性，也标志着我们党对于国家制度结构和体系功能的认识不断深化。

这表明，中国特色社会主义是特殊的国情、特殊的方法与社会主义的结合，而且这种结合在中国将是一个长期的过程。虽然，中国特色社会主义进入了新时代，但这个新时代是中国特色社会主义的新时代，而不是其他什么主义的新时代。我国仍处于并将长期处于社会主义初级阶段，仍然是世界上最大的发展中国家。建设中国特色社会主义是一次伟大的长征，走过社会主义初级阶段，还需要中国人民付出异常艰苦的努力。

我们所推进的中国特色社会主义，是共产主义在当代中国的具体运动形式，如果离开共产主义的核心思想理解中国特色社会主义，我们的改革开放就会迷失方向，我们的社会发展就会偏离社会主义航道。习近平总书记旗帜鲜明地指出："中国特色社会主义，既坚持了科学社会主义基本原则，又根据时代条件赋予其鲜明的中国特色。这就是说，中国特色社会主义是社会主义，不是别的什么主义。"[①] 因此可以说，中国特色社会主义是在马克思主义指导下，中国共产党人把科学社会主义基本原理同当代中国实践和时代特征相结合而产生的理论成果，是植根中国大地、反映中国人民意愿、适应中国和时代发展要求的社会主义，核心是对马克思主义的信仰，最本质的特征是中国共产党的领导，与《共产党宣言》的基本精神相一致。作为一种主义、一种信仰，由此铸就的人类文明新形态既是向人类

---

① 习近平：《关于坚持和发展中国特色社会主义的几个问题》，《思想政治工作研究》，2019年第5期，第15页。

美好社会——共产主义社会前进的动力，也是反对国内外各种错误思潮的动力，更彰显了中国共产党人对五百年社会主义文明的决然坚守。

三、基本内涵：中国共产党的百年求索

唯物史观将"人的实践"作为历史发展的本质力量，强调只有从实践出发，才能从整体上把握人类历史的发展规律。实践雄辩地证明，制度变迁是文明形态发展和变革最重要的原因，不同的道路会产生不同的文明形态。正是由于找准了社会主义在中国的发展定位，并以此为基础，党带领人民充分发挥社会主义在政治、制度等方面的显著优势，持续开展社会主义现代化强国建设和探索，从提出建设社会主义的若干重要原则到逐步构建起"两个文明""三位一体""四位一体"，再到"五位一体"总体布局的社会主义现代化文明的总体形态，是我们党对马克思主义全面发展思想的继承和发展，体现了对中国特色社会主义建设规律认识的不断深化，形成了人类文明新形态。

（一）建设社会主义文明若干重要原则

革命时期，对于要成立什么样的新中国，毛泽东在《新民主主义论》中进行深刻阐释。毛泽东认为，新中国不仅要在"政治上自由、经济上繁荣"，而且应该是"文明先进的中国"。1949年毛泽东预判到"随着经济建设的高潮的到来，不可避免地将要出现一个文化建设的高潮"[①]，我们要把一个被旧文化统治因而愚昧落后的中国，变为一个由新文化统治因而文明先进的中国。

在社会主义经济建设方面，要实行以农业为基础、以工业为主导的方针，正确处理重工业、轻工业和农业的关系，以农、轻、重为序发展国民经济；在优先发展重工业的条件下，坚持工业和农业并举、重工业和轻工业并举、中央工业和地方工业并举、大中小企业并举等"两条腿"走路的方针；发展社会主义商品生产，利用价值规律；正确解决好综合平衡的问题，处理好积累和消费、生产和生活的问题，处理好国家、集体和个人的关系，统筹兼顾，适当安排。

在社会主义民主政治建设方面，把"造成一个又有集中又有民主，又有纪律又有自由，又有统一意志、又有个人心情舒

---

① 《中国共产党中央委员会主席毛泽东在中国人民政治协商会议第一届全体会议上的开幕词》，《人民日报》，1949年9月22日。

畅、生动活泼，那样一种政治局面"作为努力的目标。

在社会主义文化建设方面，毛泽东提出，要坚持马克思主义的指导地位，实行"百花齐放、百家争鸣"的方针，对古今中外的优秀文化实行古为今用、洋为中用、百花齐放、推陈出新的方针；思想政治工作是经济工作和其他一切工作的生命线，要实行政治和经济的统一、政治和技术的统一、又红又专的方针；知识分子在革命和建设中具有重要作用，要建设一支宏大的工人阶级知识分子队伍；要向科学进军，不能走世界各国发展科学技术的老路，而应独立自主、自力更生、奋发图强，努力赶超世界先进水平。

以毛泽东为主要代表的中国共产党人以创造性的内容为马克思主义文明观增添了新的财富。这些思想成果，为党继续进行探索并系统形成人类文明新形态提供了思想基础。

（二）从"两个文明"到"三位一体"

改革开放初期，邓小平反复强调物质文明建设与精神文明建设必须"两手抓、两手都要硬"。1982年，党的十二大强调指出，社会主义不但要有高度的物质文明，而且要建设高度的精神文明。两个文明建设互为条件、互为目的。对此，邓小平多次指出："不加强精神文明的建设，物质文明的建设也要受破坏，走弯路。"①"经济建设这一手我们搞得相当有成绩，形势喜人，这是我们国家的成功。但风气如果坏下去，经济搞成功又有什么意义？会在另一方面变质，反过来影响整个经济变质，发展下去会形成贪污、盗窃、贿赂横行的世界。"②他还鲜明指出，必须坚决抵制外来腐朽思想的侵蚀。越是集中力量发展经济，越是加快改革开放的步伐，就越需要社会主义精神文明提供强大的精神动力和智力支持，以保证物质文明建设的顺利进行。

1986年，党的十二届六中全会通过的《中共中央关于社会主义精神文明建设指导方针的决议》明确提出："以经济建设为中心，坚定不移地进行经济体制改革，坚定不移地进行政治体制改革，坚定不移地加强精神文明建设，并且使这几个方面互相配合，互相促进。"这表明中国特色社会主义事业"三位一体"总布局已经形成。党的十六大将发展社会主义民主政治、加强建设社会主义政治文明作为全面建设中国特色社会主义的一个重要战略任务，第一次对建设社会主义政治文明作出全面部署，突出政治文明建设的重要性，将其与物质文明建设、精神文明建设并列起来，作为社会主义现代化建设的三大重要目标。至此，发展社会主义民主政治、建设社会主义政治文明，

---

① 《邓小平文选》（第三卷），人民出版社1993年版，第144页。
② 《邓小平文选》（第三卷），人民出版社1993年版，第154页。

成为全面建设小康社会的重要目标。1997年，党的十五大明确提出党在社会主义初级阶段的基本纲领，系统阐述了建设中国特色社会主义经济、政治、文化的基本目标和基本要求，进一步规范和深化了中国特色社会主义事业"三位一体"的总布局，人类文明新形态也进入到了"三位一体"总体建设阶段。

（三）从"三位一体"到"四位一体"

2002年，党的十六大把"社会更加和谐"纳入全面建设小康社会的战略目标，明确了社会建设在中国特色社会主义事业中的战略地位。胡锦涛明确指出："社会和谐是中国特色社会主义的本质属性。"[1]2004年9月，党的十六届四中全会提出构建社会主义和谐社会的战略任务。2005年，胡锦涛明确提出："随着我国经济社会的不断发展，中国特色社会主义事业的总体布局，更加明确地由社会主义经济建设、政治建设、文化建设三位一体发展为社会主义经济建设、政治建设、文化建设、社会建设四位一体。"[2]2007年，党的十七大第一次对社会主义经济建设、政治建设、文化建设、社会建设作出了全面部署，标志着中国特色社会主义事业"四位一体"总布局的确立。党的十五大报

---

① 《胡锦涛文选》（第二卷），人民出版社2016年版，第625页。
② 胡锦涛：《论构建社会主义和谐社会》，中央文献出版社2013年版，第39页。

告鲜明提出"建成富强民主文明的社会主义国家",人类文明新形态也进入到了"四位一体"总体建设阶段。

（四）从"四位一体"到"五位一体"总体布局

随着我国经济的快速发展,资源和环境问题日益凸显。2007年,党的十七大首次提出了建设生态文明的目标和任务。2012年,党的十八大把生态文明建设放在突出地位,实现了中国特色社会主义事业总布局由"四位一体"到"五位一体"总体布局的拓展。党的十九大报告在谋划21世纪中叶的奋斗目标时,提出"物质文明、政治文明、精神文明、社会文明、生态文明将全面提升",成为现代化强国的重要特征,五大文明协调发展的理念更加清晰。习近平总书记在庆祝中国共产党成立100周年大会上的讲话中概括指出,"五位一体"总体布局全面推进,从而创造出"中国式现代化新道路,创造了人类文明新形态"[①],并结合坚持和发展中国特色社会主义说明人类文明新形态的基本内涵。在此基础上,党的二十大进一步强调坚持和发展中国特色社会主义与人类文明新形态生成的辩证关系:"中国式现代化的本质要求是:坚持中国共产党领导,坚持中国特色社

---

① 习近平:《在庆祝中国共产党成立100周年大会上的讲话》,《人民日报》,2021年7月2日。

会主义，实现高质量发展，发展全过程人民民主，丰富人民精神世界，实现全体人民共同富裕，促进人与自然和谐共生，推动构建人类命运共同体，创造人类文明新形态。"①

人类文明新形态最根本的载体是中国特色社会主义形态，内涵极为丰富，极具中国特色。对内而言，人类文明新形态内含一套"物质文明、政治文明、精神文明、社会文明、生态文明"的文明体系，它们不是单个存在的，而是相互联系、相互制约、协调发展的。其中，物质文明是基础，政治文明是保证，精神文明是引导，社会文明是载体，生态文明是底色，从而使"人类文明新形态"成为一种内涵丰富而又协调发展的文明体系。对外而言，是弘扬全人类共同价值、推动构建人类命运共同体的人类文明新形态。这种人类文明新形态经过中国共产党团结带领中国人民百年奋斗而成为现实，并日益在国际比较中显现出巨大优越性。

---

① 习近平：《高举中国特色社会主义伟大旗帜　为全面建设社会主义现代化国家而团结奋斗——在中国共产党第二十次全国代表大会上的报告》，人民出版社2022年版，第23—24页。

四、借鉴吸收一切人类优秀文明成果

中华文明是在中华大地上产生的文明，也是在与其他文明不断交流过程中逐步丰富、成熟、壮大的文明。无论是丝绸之路、遣唐使大批来华还是玄奘取经、郑和下西洋，都是中外文明交流互鉴的生动写照。

近代以来，先进的中国人更加积极地学习西方的制度和文化，不仅引入了民主、法治、科学等积极因素，更推动了现代教育、现代文学、现代国家的成型。李大钊指出，近百年来饱受帝国主义列强摧凌的中国，"忽然听到十月革命喊出的'颠覆世界的资本主义'，'颠覆世界的帝国主义'的呼声，这种声音在我们的耳鼓里，格外沉痛，格外严重，格外有意义"[1]。一些人由此产生了对社会主义的向往。《新青年》刊登的读者来信即提出，我们要由此跨进一步，去"研究俄国劳农政府的主义"，赞同它"所根据的真理"。

新民主主义革命时期，毛泽东在《新民主主义论》中深刻指出："一切外国的东西，如同我们对于食物一样，必须经过自己的口腔咀嚼和胃肠运动，送进唾液胃液肠液，把它分解为精华和糟粕两部分，然后排泄其糟粕，吸收其精华，才能对我们

---

① 守常：《十月革命与中国人民》，《晨报副镌》，1922年11月7日，第1版。

的身体有益，决不能生吞活剥地毫无批判地吸收。"[1]

中华人民共和国成立后，面对现代化建设的零基础状况，毛泽东明确提出，我们要进行伟大的五年计划建设，工作很艰苦，经验不够，因此要学习苏联的先进经验，并将此作为开展工作的基本要求。在《论十大关系》中，毛泽东进一步指出："我们的方针是，一切民族、一切国家的长处都要学，政治、经济、科学、技术、文学、艺术的一切真正好的东西都要学。"[2]但是，坚决不能机械搬用或搞拿来主义，而是要学会辩证分析，并将其他类型文明的长处结合中国具体实际加以整合创新。在这一阶段，社会主义计划经济体制确立，在此基础上"三大改造""制定国民经济计划""工业优先发展"等具有苏联特色的现代化经验在中国的现代化建设中相继实践，并生成了符合中国实际的社会主义改造与社会主义建设方案。可以说，"学习苏联""以苏为鉴"是整个社会主义现代化建设初创阶段的重要准则，这也是囿于国情谋求发展的实际路径。

改革开放以来，伴随中国愈发融入世界发展大潮，中国与世界的差距越发显现，针对搞现代化建设，我们既缺少经验，又缺少知识的现状，邓小平指出，"我们坚持反对帝国主义、霸权主义、殖民主义和种族主义，维护世界和平，在和平共处五

---

① 《毛泽东选集》（第二卷），人民出版社1991年版，第707页。
② 《毛泽东文集》（第七卷），人民出版社1999年版，第41页。

项原则的基础上，积极发展同世界各国的关系和经济文化往来"①。他还强调，"社会主义要赢得与资本主义相比较的优势，就必须大胆吸收和借鉴人类社会创造的一切文明成果，吸收和借鉴当今世界各国包括资本主义发达国家的一切反映现代社会化生产规律的先进经营方式、管理方法"②。现代化建设要吸收外国的资金和技术，欢迎中外合资合作，甚至欢迎外国独资到中国办工厂，这些都是对社会主义经济的补充。这主要基于，一方面，作为人类文明的类型之一不能自绝于世界文明之外。尽管资本主义给世界带来深重灾难，但是，它加速了封建野蛮思想的资本主义文明化，驱动文明从地域文明转为世界文明，是人类文明的第一缕现代性曙光。对于其革命性作用，我们应该给予肯定。另一方面，资本主义文明具有暂时性，它为更高层次的新文明的产生创造条件，可以为我所用。因此，在这一阶段，社会主义市场经济体制的确立彻底地打破了市场经济的制度属性、廓清了"资社不分"的误区，改革开放政策逐渐深入人心，市场经济的作用越发突出，成为中国特色社会主义建设进程中的伟大创举；同时人们对"科学技术是第一生产力""社会主义的本质"等有了更为深刻的认识，完善了中国式现代化的理论与实践形态。在此基础上，江泽民指出："应本着平等、

① 《邓小平文选》(第二卷)，人民出版社1994年版，第127页。
② 《邓小平文选》(第三卷)，人民出版社1993年版，第373页。

民主的精神，推动各种文明相互交流、相互借鉴，以求共同进步。"① 胡锦涛指出，"加强不同文明对话和交流，在竞争比较中取长补短，在求同存异中共同发展"②，"协力构建各种文明兼容并蓄的和谐世界"。③

中国特色社会主义进入新时代，以习近平同志为核心的党中央立足中国基本国情，坚持取长补短、择善而从。世界百年变局，各种安全挑战层出不穷，世界经济复苏步履维艰，全球发展遭遇严重挫折。人类社会所面临的世界性、时代性、历史性问题正以前所未有的方式展开，世界又一次站在历史的十字路口。整个世界，特别是发展中国家把关注和期待的目光历史性地投向了中国。中国共产党一方面坚持扩大对外开放，构建以国内大循环为主体、国内国际双循环相互促进的新发展格局，积极借鉴人类创造的一切优秀文明成果；另一方面，把推动构建人类命运共同体作为中国式现代化的内在要求，并致力于推动这种要求的对象化。积极参与全球治理体系的改革和建设，特别是全面开展抗击世界范围内的新冠疫情国际合作，坚持弘扬平等、互鉴、对话、包容的文明观，书写出了人类文明新形态发展新篇章。

---

① 《江泽民文选》（第三卷），人民出版社2006年版，第110页。
② 《胡锦涛文选》（第二卷），人民出版社2016年版，第354页。
③ 《胡锦涛文选》（第二卷），人民出版社2016年版，第354、355页。

需要注意的是，马克思主义还认为，事物包括质、量、度三方面的规定性。质是一事物区别于其他事物的内在规定性，量是事物的规模、程度、速度等可以用数量关系表示的规定性。事物的量和质是统一的，量和质的统一在度中得到体现。度是保持事物质的稳定性的数量界限，即事物的限度、幅度和范围，度的两端叫关节点或临界点，超出度的范围，此物就转化为他物。这警示我们，对于中华优秀传统文化，我们既要注重传承，又要根据时代要求实现创造性转化和创新性发展。对于其他民族的文化成果，我们既不照搬，也不应一概排斥，而要批判地吸收其合理的因素，为我所用。在马克思主义中国化时代化中丰富发展人类文明新形态。

结语：人类文明新形态具有来源丰富性及生成辩证性的特点，这是人类文明新形态的胸怀眼界问题。恩格斯指出："世界不是既成事物的集合体，而是过程的集合体，其中各个似乎稳定的事物同它们在我们头脑中的思想映象即概念一样都处在生成和灭亡的不断变化中，在这种变化中，尽管有种种表面的偶然性，尽管有种种暂时的倒退，前进的发展终究会实现。"①世界上的各种事物不仅是普遍联系的，而且是变化发展的，事物

---

① 《马克思恩格斯选集》（第四卷），人民出版社2012年版，第250页。

的相互联系构成了运动、变化和发展。作为一种全新的文明形态，人类文明新形态是中华文明、社会主义文明与世界上其他当代文明有机融合的时代产物，是多重因素交织辩证作用的结果。如果没有与马克思主义的交融和其他当代文明的碰撞，中华文明就不会在资本主义仍占主导的世界体系中实现创造性转化和创新性发展。如果没有中华文明与其他当代文明的交融，社会主义文明也很难在世界社会主义运动陷入低谷时实现赓续式重生与再造式涅槃式发展，其他当代文明也不会在马克思主义占指导地位的中国实现范式转换与全新发展。从这个意义上讲，人类文明新形态生成遵循人类文明演进的基本规律，既有鲜明的中国特色，又具有普遍的世界性指导意义，是为世界谋大同、为人类谋解放的符合人类社会前进方向的新文明。

第三章

超越"资本的文明"：
人类文明新形态的革命性变革

　　事物的变化发展是有规律的，唯物辩证法揭示了事物变化发展的一般规律，即对立统一规律、量变质变规律和否定之否定规律，其中对立统一规律是根本规律。它强调一切事物和现象都包含着对立面，这些对立面相互依存、相互作用，通过相互作用和斗争达到一种动态的平衡和统一。这对理解世界、人类思维和社会现象都有深刻的启示。在漫长的历史发展进程中，人类社会历经原始社会、奴隶社会和封建社会，进入资本主义社会。在马克思主义看来，资本主义文明实质上是一种物化文明，是资本增值的需要，而不是以人的自由全面发展为目的的。因此"驯服资本"的道路就是一条超越"资本文明"的道路。中国社会主义制度的确立，为中国的一切发展进步奠定了根本的政治前提和制度基础。在中国特色社会主义文明形态引领下，中国共产党始终坚守人民立场，在坚持以经济建设为中心的同时，渐次全面推进物质文明、政治文明、精神文明、社会文明、生态文明，实现各个环节、各个方面协调发展，全面推进人的自由全面发展。这实质上实现了对资本主义文明的全面超越，在文明形态上发生了革命性变革。

一、物质文明："共同富裕"对"两极分化"的超越

生产力和生产关系是社会生产不可分割的两个方面。生产资料所有制的性质决定生产关系的性质。面对资本主义私有制为现代文明带来的光辉成就及发展缺陷，中国坚持掌握发展的主动权，保持发展的独立性，在吸纳资本主义光辉成果的同时，亦用公有制的"共同富裕"破解了资本主义文明"两极分化"的发展困境。

（一）资本主义物质文明加剧"两极分化"

马克思认为："为了进行生产，人们相互之间便发生一定的联系和关系；只有在这些社会联系和社会关系的范围内，才会有他们对自然界的影响，才会有生产。"[1]从生产力的角度看，不可否认的是，资本主义在人类历史上起过革命性的作用，其文明的优越性超越了前资本主义时代任何一个社会形式。从生产关系的角度看，与劳动者被当作生产条件的奴隶制、封建制相比，资本主义社会中的劳动者本身不再是生产的客观条件，资本直接占有的是工人的劳动，且是通过形式上"等价"交换的

---

① 《马克思恩格斯文集》（第一卷），人民出版社2009年版，第724页。

方式占有的，这"更有利于生产力的发展，有利于社会关系的发展，有利于更高级的新形态的各种要素的创造"①。从世界历史的角度看，资本依靠其无限增殖的本能，开拓了世界市场，使世界历史成为不可逆转的历史发展潮流。

　　但是，资本主义自诞生之日起就以维护资本的统治与富人的利益为根本追求，至今仍未改变甚至愈发严重。马克思指出："资本主义生产过程的动机和决定目的，是资本尽可能多地自行增殖，也就是尽可能多地生产剩余价值，因而也就是资本家尽可能多地剥削劳动力。"②资本家拥有生产资料的所有权，劳动者与生产资料相分离，为了维持生存，劳动者不得不通过将劳动力出卖给资本家来实现与生产资料的结合，资本家与工人的关系变成雇佣劳动关系。在这种关系中，生产资料和货币采取了资本的形式，资本家不但拥有生产资料的所有权，而且拥有对雇佣劳动者的支配权，并凭借这种所有权和支配权无偿占有雇佣工人创造的剩余价值。对资本家而言是"财富的积累"，对无产阶级而言则是贫困的积累。西方殖民者在三百多年时间里，仅从中南美洲就抢走了250万公斤黄金、1亿公斤白银。1783年到1793年的十年间，英国仅利物浦一地就贩运33万多名黑人，奴隶贸易使非洲丧失的人口超过1亿。随着贫富分化的加剧，美

---

① 《马克思恩格斯文集》（第七卷），人民出版社2009年版，第927—928页。
② 马克思：《资本论》（第一卷），人民出版社1975年版，第368页。

国社会迅速产生了亿万富翁。比如爱泼斯坦是20世纪80年代发迹的。为了享乐，同时也为了巩固并加强自身富豪地位，1998年，爱泼斯坦以近800万美元的价格买下了美属维京群岛的圣詹姆斯小岛，并且购置了同样价值近800万美元的私人飞机。后来被受害者举报，爱泼斯坦因为非法交易而被判有罪并且被捕入狱。然而，正在爱泼斯坦服刑期间，2019年8月9日，他意外地"自杀"了。许多美国评论家都认为，爱泼斯坦事件反映出美国政治、经济、社会中最肮脏的一面。在某种意义上，这是美国社会两极分化的恶果之一。美国人口普查局数据显示，新冠肺炎疫情期间，美欧日等资本主义国家通过大水漫灌纾困，却让财富越来越往"金字塔"顶端集中。21世纪以来，随着西方国家经济相对衰退以及新兴国家集体崛起，福利主义在国内所依赖的高税收以及在国际上所依靠的负担转嫁都难以为继，而各国政党为赢得选举都竞相迎合选民短期需要，承诺更多福利、更少税收，从而造成财政赤字、治理危机等一系列弊端，引起社会更深层次的混乱。综上所述，我们不难得出这样的结论：资本主义国家日益加剧的两极分化势必引发社会腐败、高犯罪率，从而引发社会动荡，导致社会危机的发生。

从根本上说，资本主义生产的直接目的和决定性动机，就是无休止地获取尽可能多的剩余价值，即存在着生产社会化和生产资料资本主义私人占有之间的矛盾，这就决定了资本主义文明发展的局限性、破坏性和消亡性。

（二）社会主义物质文明："共同富裕"

资本主义社会无法避免贫富两极分化，而社会主义则要消除两极分化，实现共同富裕。共同富裕是马克思主义追求的一个基本目标，是社会主义的一个本质特征，也是社会主义优越性的突出体现。邓小平指出："社会主义不是少数人富起来、大多数人穷，不是那个样子。社会主义最大的优越性就是共同富裕，这是体现社会主义本质的一个东西。"①在中国特色社会主义理论的话语体系中，"共同"指代受益的群体属性，面向的是无关区域、城乡、民族划分的14亿多全体中国人民；共同富裕，是"小康路上一个都不能掉队"的不分彼此的共同富裕，是"城乡区域发展差距和居民生活水平差距显著缩小"的差别较小的共同富裕；"富裕"指的是追求物质文明与精神文明相协调的共同富裕。

一百多年来，中国共产党始终在实现共同富裕中推动社会的全面进步和人的全面发展。中国的共同富裕是从所有制源头上以公有制代替私有制对资本主义社会富人愈富的财富生产制

---

① 《邓小平文选》（第三卷），人民出版社1993年版，第364页。

度的根本否定。革命时期"打土豪、分田地"，实行"耕者有其田"，如1925年10月中央执行委员会扩大会议发布告农民书，提出解除农民困苦的根本办法是实行"耕地农有"；1928年12月至翌年4月，毛泽东先后主持制定《井冈山土地法》、《兴国土地法》；经过三年多实践，1931年党的土地革命路线基本形成，即依靠贫农、雇农，联合中农，限制富农，消灭地主阶级，变封建土地所有制为农民土地所有制。中华人民共和国成立后，通过"三大改造"建立社会主义制度，毛泽东指出："现在我们实行这么一种制度，这么一种计划，是可以一年一年走向更富更强的，一年一年可以看到更富更强些。而这个富，是共同的富，这个强，是共同的强，大家都有份。"[1]改革开放以来，我们建立的是以公有制为主体、多种所有制经济共同发展的基本经济制度。践行的是一条"让一部分人、一部分地区先富起来，带动和帮助其他人和地区共同富裕"的先富帮后富的非均衡的发展思路和模式，并开展大规模、有计划、有组织的扶贫开发，一直到新时代实现第一个百年奋斗目标，解决了困扰中华民族千百年来的绝对贫困问题，不仅全面建成小康社会，而且在全球贫困人口增加的情势下逆势减贫，提前10年实现了《联合国2030年可持续发展议程》减贫目标，为人类减贫事

---

① 《毛泽东文集》（第六卷），人民出版社1999年版，第495页。

业作出巨大贡献。

"中国特色社会主义进入新时代,我国社会主要矛盾已经转化为人民日益增长的美好生活需要和不平衡不充分的发展之间的矛盾。"①表明人民群众的需要又上一层台阶,从原先主要满足吃穿住行的基本物质生活需求扩展为期盼有更好的教育、更稳定的工作、更满意的收入、更可靠的社会保障、更高水平的医疗卫生服务、更舒适的居住条件、更优美的环境等物质精神文化需求。对此,党中央构建正确处理效率和公平的关系,构建初次分配、再分配、三次分配协调配套的基础性制度安排,加大税收、社保、转移支付等调节力度并提高精准性,扩大中等收入群体比重,增加低收入群体收入,合理调节高收入,取缔非法收入,形成中间大、两头小的橄榄型分配结构,促进社会公平正义,促进人的全面发展,使全体人民朝着共同富裕目标扎实迈进。党的二十大报告进一步提出:"健全覆盖全民、统筹城乡、公平统一、安全规范、可持续的多层次社会保障体系。完善基本养老保险全国统筹制度,发展多层次、多支柱养老保险体系。实施渐进式延迟法定退休年龄。扩大社会保险覆盖面,健全基本养老、基本医疗保险筹资和待遇调整机制,推动基本医疗保险、失业保险、工伤保险省级统筹。促进多层次医疗保

---

① 习近平:《决胜全面建成小康社会 夺取新时代中国特色社会主义伟大胜利——在中国共产党第十九次全国代表大会上的报告》,人民出版社2017年版,第11页。

障有序衔接，完善大病保险和医疗救助制度，落实异地就医结算，建立长期护理保险制度，积极发展商业医疗保险。加快完善全国统一的社会保险公共服务平台。健全社保基金保值增值和安全监管体系。健全分层分类的社会救助体系。坚持男女平等基本国策，保障妇女儿童合法权益。完善残疾人社会保障制度和关爱服务体系，促进残疾人事业全面发展。坚持房子是用来住的、不是用来炒的定位，加快建立多主体供给、多渠道保障、租购并举的住房制度。"①特别是，在某些西方国家着力宣扬本国中心主义、贸易保护主义的当下，中国共产党始终坚持全球化与多边主义的发展方向，努力将中国发展的红利继续分享给全世界，并为全世界尤其是欠发达国家提供必要的基础设施建设方面的支持，提供其发展所必需的公共产品，这一做法也是"共同富裕"在国际领域的进一步升华与深化。

任何实践都是一定历史阶段的具体实践，由主客观条件制约的自由也必然是具体的、历史的，超越社会发展阶段、超越实践能力与实践发展水平的自由是不可能实现的。针对全体人民共同富裕的目标，习近平总书记指出，"我国正处于并将长期处于社会主义初级阶段，我们不能做超越阶段的事情……而是

① 习近平：《高举中国特色社会主义伟大旗帜　为全面建设社会主义现代化国家而团结奋斗——在中国共产党第二十次全国代表大会上的报告》，人民出版社2022年版，第48页。

要根据现有条件把能做的事情尽量做起来，积小胜为大胜"①，而且，全民共享是渐进性的，"共享发展必将有一个从低级到高级、从不均衡到均衡的过程，即使达到很高的水平也会有差别"②。对此，毛泽东曾指出："人类的历史，就是一个不断地从必然王国向自由王国发展的历史。这个历史永远不会完结。……人类总得不断地总结经验，有所发现，有所发明，有所创造，有所前进。"③

我们以共同富裕为目标，这不仅是社会主义的本质要求，而且与中华文明的大同本位密切相关，体现了不同于西方的自由主义经济逻辑：一是人类命运共同体本位。这不仅是马克思主义的一个目标，而且深受中华优秀传统文化"天下大同"理念的影响。二是包容和合的混合经济传统。中华民族历史上就有着在"大一统"国家治理中不断完善宏观调控体系，形成经济主体包容共生、政府与市场互补的历史经验。三是坚持党的集中统一领导与发挥各方面主动性积极性相结合的上下互动的执政方式。

纵观人类文明发展史，资本主义物质文明在本国让少数人获得最大利益，在世界上以血与火开拓殖民地，在物质文明

① 《习近平谈治国理政》（第二卷），外文出版社2017年版，第214—215页。
② 《习近平谈治国理政》（第二卷），外文出版社2017年版，第216页。
③ 《毛泽东文集》（第八卷），人民出版社1999年版，第325页。

"两极分化"中为人类发展留下了无尽的隐患，从总体上说是逐渐失去历史合理性的文明形态。与之相比，中国所创造的人类文明新形态是以中国特色社会主义为制度保障，是一种内生、和平、普惠的物质文明新形态，是以实现全体人民共同富裕为鲜明特色的物质文明新形态。

二、政治文明："人民至上"对"资本至上"的超越

马克思很早就深刻洞察了资本主义制度下创造者与享有者分离的不合理现状，在《1844年经济学哲学手稿》中就指出了"资本至上"的事实，揭示了劳动者与劳动产品所有者之间分离的制度性根源；经过深入的理论研究和实践斗争，鲜明地提出要通过"剥夺剥夺者"，实现真正的社会所有制，从而真正达到创造者与利益所有者的内在统一状态，实现"人民至上"，而这也正是人类文明新形态深度探索的重大政治任务。

（一）资本主义政治文明："资本至上"

作为社会历史发展基础的物质生产存在着双重关系，体现为生产力中人与自然的关系以及生产关系中人与人的关系。这双重关系犹如社会历史的经纬线，构成了社会发展过程中最基

本的矛盾。在资本主义社会，资本通过对劳动力这种工人唯一谋生手段的控制，建立起对工人实际上的、稳定的支配性权力关系。在人与自然的关系方面，西方资本主义国家以人类中心主义为幌子，在对自然的攫取式开发中确证人的力量和价值，但却忽视了人类未来生存发展的潜力。在人与人的关系方面，资本逻辑把人与人在社会中结成的一切关系都变成了纯粹的、冷漠化的、功利化的金钱关系和利害关系，以及政治上的资本家对工人的压迫与被压迫关系。在人自身的存在状态方面，资本主义文明使人类在形式上摆脱了"人的依赖关系"，但却陷入了"物的依赖"之中。在这种单向度的资本主义社会中，人的主体性逐渐从属于物的主体性，沦为单纯的工具，从而"人"与"物"的关系发生了颠倒，穷人将永远处于社会底层。可以说，这样一种处处表现"资本"特征的文明形态绝不是人类文明的终极模式，如果任其发展，将给人类带来灭顶之灾。

（二）社会主义政治文明："人民至上"

我们党自成立之日起，就始终秉承"让老百姓过上好日子是我们一切工作的出发点和落脚点"①。中华人民共和国成立后，

---

① 《中共中央关于党的百年奋斗重大成就和历史经验的决议》，《人民日报》，2021年11月17日。

我国是工人阶级领导的、以工农联盟为基础的人民民主专政的社会主义国家，国家一切权力属于人民。党团结带领人民进行了社会主义改造，在1956年确立了社会主义制度。发展社会主义民主政治就是要体现人民意志、保障人民权益、激发人民创造活力，用制度体系保证人民当家作主。

化私有资本为公有资本。马克思和恩格斯在《共产党宣言》中提出了驯服资本的方案，"把资本变为公共的、属于社会全体成员的财产"①。1978年，改革开放后，建立的中国特色社会主义经济制度遵循并发展了这一方案：一方面，在所有制结构上，坚持以公有制为主体、多种所有制经济共同发展，一切符合"三个有利于"标准的所有制形式都可以而且应该用来为社会主义服务。另一方面，在分配制度上，坚持以按劳分配为主体、多种分配方式并存，运用包括市场在内的各种调节手段，既鼓励先进，促进效率，合理拉开收入差距，又防止两极分化，注重社会公平，逐步实现共同富裕。在宏观调控上，坚持把人民的当前利益与长远利益、局部利益与整体利益有机结合起来，更好地发挥计划和市场两种手段的长处，使各类资本健康发展、各得其所，共同服务于中华民族伟大复兴。如此一来，既充分发挥市场在资源配置中的决定性作用，又利用社会主义的制度

---

① 《马克思恩格斯选集》（第一卷），人民出版社2012年版，第415页。

优势弥补其周期性经济危机的缺憾，从经济基础的维度根除了资本主义的基本矛盾。

构建新型合作劳动关系使人复归于人。"资本和劳动的关系，是我们全部现代社会体系所围绕旋转的轴心。"①中国特色社会主义，实行以社会主义公有制为主体、多种所有制经济共同发展的基本经济制度和社会主义市场经济体制，劳动关系的主体是社会主义分工合作的关系，包括社会主义国有经济、集体经济和公有制经济控股的企业，管理人员、技术人员、广大职工都是分工合作的劳动关系。个体企业和个体经营企业都是独立劳动者。私营企业、外资企业的投资者相当部分兼任管理工作，具有投资者和管理劳动者双重身份，劳动者与投资者也存在双重劳动关系，就是不兼管理工作的投资者也不同于当年马克思所说的雇佣劳动关系，这是因为：一是社会主义国家是人民当家作主，维护劳动者根本利益；二是引进外资、运用民资坚持"三个有利于"标准，根据国家产业结构调整、升级的需要，利用外资、民资解决资金、高新技术、富余劳动力就业、现代管理科学等问题；三是外资企业、私营企业必须守法经营，依法纳税；四是必须做到投资者与劳动者两利。除此之外，重视低收入劳动者的生活保障，不断完善社会保障制度，并着力全

---

① 《资本论》（第一卷），人民出版社2018年版，第70页。

面提高劳动者素质，扩大就业门路，从根本上提高低收入劳动者的生活水平。可以确信的是，随着科学技术和生产力的不断发展，社会主义的劳动关系必将实现将劳动扬弃其作为谋生手段的工具性，成为人类展示自我创造性的存在方式，实现从手段到目的的根本性转变。

人民民主是社会主义的生命。中国特色社会主义民主以保障人民当家作主为根本目的，形成了贯穿民主选举、民主协商、民主决策、民主管理、民主监督五大环节的全过程民主的完整链条，为实现人民对美好生活的向往提供了有力保障。全过程人民民主是维护人民根本利益最广泛、最真实、最管用的民主，为人类政治文明进步作出了充满中国智慧的新贡献。

"人民至上"逻辑是人类文明新形态产生和不断发展的内在逻辑，人类文明新形态在利用资本的同时，最大限度地驾驭资本、限制资本的无限增殖，维护和实现人民的根本利益，实现全过程人民民主，这在价值根源上就超越了资本主义政治文明。

三、精神文明："人的全面发展"对"人的异化"的超越

马克思指出，"人的本质不是单个人所固有的抽象物，在其

现实性上，它是一切社会关系的总和"①。这就告诉我们，人的本质是社会属性，而不是自然属性。人的全面发展思想是科学社会主义的核心理念和根本原则，是中国特色社会主义理论和道路的价值取向和根本宗旨，也是人类文明新形态的题中应有之义。资本主义社会的人在"异化"中失去自由，而人的全面发展就是一个人对自身内在本质、外在社会关系的全面占有。一百多年来，中国共产党把握理论主动，在建设社会主义精神文明"人的全面发展"中实现了对资本主义精神"人的异化"的全面超越。

（一）资本主义精神文明："人的异化"

资本主义社会物质交换关系普遍化，人与人之间以"物"为纽带相互连接，社会关系普遍物化使得货币成为统治一切的力量，由此形成以个人之间的全面依赖为特征的社会联系，马克思将这种社会联系称为"物的依赖关系"，工人生产的产品越多，他的本质力量被资本家所占有的就越多，致使物的世界的增值同人的世界的贬值成正比。因此，劳动不再是自我确证和自我满足，相反，是劳动者"自身的丧失"。这种关系不仅体现在经济领域，而且渗透进政治、社会、文化等一切领域，甚至

① 《马克思恩格斯文集》（第一卷），人民出版社2009年版，第505页。

控制了工人的思想观念和行为方式。

这种力量阻碍了大多数人的全面发展，使人的发展走向片面、极端，即"人的异化"。这种异化现象不仅奴役了工人，实际上也奴役了资本家，人人都围绕利益而转。特别是这种异化所造成的人的主体性的丧失，精神家园的失落，价值多元化和不定式选择存在主义的焦虑，对"人的全面发展"提出了挑战，给"人的全面发展"打上了问号。

（二）社会主义精神文明："人的全面发展"

什么是自由？在自由问题上，哲学史上存在着多种看法，大致分为两类：一是倡导消极地顺应自然、抹杀人类自由可能性的宿命论；二是强调人的意志或某种精神力量绝对自由的唯意志论，否定客观必然性，片面强调主体性的毫无限制。二者都是错误的。

马克思主义认为，自由是表示人的活动状态的范畴，是指人在活动中通过认识和利用必然所表现出的一种自觉自主的状态。"自由是对必然的认识和对客观世界的改造。"[1]人不能摆脱必然性的制约，只有在认识必然性的基础上才有自由的活动，

---

① 《毛泽东文集》（第八卷），人民出版社1999年版，第306页。

这就是人的自由限度，也是自由和必然的辩证规律。必然性即规律性，指的是不依赖于人的意识而存在的自然和社会发展所固有的客观规律。

恩格斯说全面发展的人是"各方面都有能力的人"[①]。列宁说是"受到全面训练的人，即会做一切工作的人"[②]，即全社会每个人的全面发展。马克思指出，全面发展的人是"适应于不断变动的劳动需求而可以随意支配的人"[③]，是"能够把不同的社会职能当做相互交替的活动方式的全面发展的个人。"从中可知，人的全面发展的实质就是在个人智力和体力尽可能广泛、充分、统一和自由发展的基础上，实现脑力劳动与体力劳动相结合。对于人的全面发展的科学把握需明确两方面的内容：一方面，智力与体力是不可分割的统一整体，相辅相成、缺一不可。另一方面，脑力劳动与体力劳动的结合是人的发展的内在规定性，而且二者的结合基础是个体智力和体力的统一。除此之外，个体智力和体力的统一发展不仅统一于一身，还必须统一于物质生产过程，这也是人的全面发展的目的体现。从历史发展来看，"人的异化"从产生到如今，就一直阻碍着人们争取自由解放的前进道路。中国现代社会的建构正处在这种特殊的世界历

---

① 《马克思恩格斯全集》（第四卷），人民出版社1958年版，第370页。
② 《列宁选集》（第四卷），人民出版社2012年版，第159页。
③ 《马克思恩格斯全集》（第四十四卷），人民出版社2001年版，第561页。

史格局中。一方面，当资本主义文明已经历史性表征了"物的依赖"阶段的总体特征时，中国才开始接触和进入现代化历史时期。另一方面，中国共产党为中国式现代化探索创造根本社会条件时，正处于"无产阶级社会主义世界革命"的时代，因而历史的发展方向必然是社会主义而不是资本主义。这就决定了中国式现代化同时担负着双重任务，即在总体占有资本主义文明创造的优秀成果的同时，历史地创造独特的社会主义文明，尽管处于"物的依赖"形态阶段，但其理想追求必然是自觉地创造条件，以逐渐地实现向"人的全面发展"历史阶段转化。因为社会主义与人的全面发展是内在统一的，人的全面发展既是社会主义的方向和目的，又是建设社会主义和未来共产主义的重要手段。

"现代化的本质是人的现代化"①。只有实现人的现代化，实现人的全面发展和社会全面进步，才能真正实现现代化。中国式现代化确立的人本逻辑，是破解资本逻辑主导的西方现代化和西方现代性矛盾困境的现实出路，实现了"物的现代化"向"人的现代化"的根本转变，为实现"人的全面发展"和社会全面进步开辟了道路。

遵循如此的发展思路，一百多年来，中国共产党坚持在利用资本的同时节制资本、驾驭资本使其服务于人民的利益，"成

---

① 《十八大以来重要文献选编》（上），中央文献出版社2014年版，第594页。

功推进和拓展了中国式现代化"①，以中国式现代化推动人的全面发展这一目标。第一，从新民主主义革命时期到社会主义改造时期，从改革开放初期到新时代，中国共产党成立中华人民共和国、建立社会主义制度、建设中国特色社会主义，消灭了不平等的社会制度，为人的全面发展提供政治保障。第二，科学技术在生产和生活中的普遍应用，也为人的劳动解放进而为人的全面发展创造了条件。第三，在社会主义的生产过程中，人不再仅仅是生产的手段，同时成了生产的目的，人们为社会劳动也为自己劳动，更高的生产效率、更多的闲暇、更全面系统的教育，为人的全面发展创造了前所未有的条件。同时，我们必须认识到，中国仍处于社会主义初级阶段，社会发展还不充分、不平衡，社会各个阶层占有的社会财富和获得的发展条件仍然存在着一定的差距，人的全面发展的现实与马克思主义经典作家所设计的理想模式仍存在差距。我们今天在关注每个人全面发展的同时，仍应首先重点关注工人、农民等劳动人民的全面发展，在财富的分配上、在生产过程的劳动分工中等方面为他们的需求和福祉创造条件，使他们获得更好更全面的发展。

人类文明新形态在马克思主义指导下，以生产资料公有制

① 习近平：《高举中国特色社会主义伟大旗帜　为全面建设社会主义现代化国家而团结奋斗——在中国共产党第二十次全国代表大会上的报告》，人民出版社2022年版，第22页。

为经济制度的根基，以满足全体人民的需要为根本目的，以实现好、维护好、发展好人民群众的根本利益为根本要求，以人的自由全面发展为目标指向共产主义理想社会的新形态。因此，人类文明新形态是对资本主义精神文明"人的异化"实现超越的"人的全面发展"的社会主义精神文明形态。

四、社会文明："和谐正义"对"冲突排斥"的超越

社会文明指社会领域的进步程度和社会建设的积极成果，是社会主体文明、社会关系文明、社会观念文明、社会制度文明、社会行为文明等方面的总和。从一定意义上讲，分配的正义是最起码也是最根本的社会文明。和谐正义观与当代中国实践是一致的。在构建和谐社会的过程中，我们将社会的公平正义作为我们首选的社会价值，并且在实践中充分地体现出来，由此在社会文明领域以社会主义"和谐正义"完成了对资本主义"冲突排斥"的超越。

（一）资本主义社会文明："冲突排斥"

齐格蒙特·鲍曼（Zygmunt Bauman，1925—2017）生前为利

兹大学和华沙大学退休的社会学教授之一，是现代性与后现代性最著名的思想家之一。诚如他所言，资本主义文明具有"创造性破坏"的特征，呈现为伪善无序和低效的状态，广大人民的长远利益不易实现。从历史上讲，在资本逻辑的驱使下，资本主义文明的发展充斥着侵略、压迫、血腥和暴力，充满了"冲突排斥"。因为资本主义的寡头政治和经济的逐利性，决定了资本主义社会是为特权阶层谋利益、忽视绝大多数人利益的社会形态，这样不仅导致两极分化严重、周期性经济危机频发、失业人数激增等社会问题，也导致社会深层次矛盾持续累积，不断引发社会性群体事件，影响了社会稳定，社会治理失效。虽然资本主义文明实现了"人的依赖关系"向"人的独立性"的转变，使个人摆脱了封建专制等级制度的束缚。但其并未实现"社会解放"，并使"冲突排斥"更为剧烈。

（二）社会主义社会文明："和谐正义"

"治天下也，必先公，公则天下平矣。""代替那存在着阶级和阶级对立的资产阶级旧社会的，将是这样一个联合体，在那里，每个人的自由发展是一切人的自由发展的条件"①。马克思、

---

① 《马克思恩格斯选集》（第四卷），人民出版社2012年版，第647页。

恩格斯在《共产党宣言》中将"人自由而全面的发展"投射到目标域"自由人联合体"，勾勒出人类未来共产主义美好社会的蓝图，用"自由人联合体"代替旧的社会制度，从而为人的个性解放开辟了道路。中国社会主义制度的建立，使生产真正成为为绝大多数人服务的活动，使劳动者可以占有和使用自己的劳动成果，从物质层面为全社会共享财富提供了前所未有的条件。

从内在要求上讲，和谐是矛盾的一种特殊表现形式，体现着矛盾双方的相互依存、相互促进、共同发展。和谐并不意味着矛盾的绝对同一，和谐是相对的、有条件的，只有在矛盾双方处于平衡、协调、合作的情况下，事物才展现出和谐状态。和谐社会建设是中国特色社会主义"五位一体"总体布局的重要组成部分，覆盖教育、就业、收入分配、社会保障、减贫脱贫、医疗健康、社会治理等重要民生领域，与人民群众生产生活息息相关。构建社会主义和谐社会就是在发展的基础上正确处理各种社会矛盾的历史过程和社会结果。公平正义是中国特色社会主义和谐社会的内在要求，实现公平正义是我们党的一贯主张。

第一，实行按劳分配的原则。努力建设体现效率、促进公平的收入分配体系，推动形成橄榄型分配格局。由于我国发展水平低，如果实行平均分配只能造成人人普遍贫穷。按劳分配的理论是在承认自然的不平等的前提下的一种按贡献分配的公平"模式分配",等量劳动等量分配,不等量劳动不等量分配。按劳分配不考虑劳动者因出身、年龄、受教育程度等先天生理和后天身体发育所导致的劳动能力的不同,而仅仅以社会贡献量的大小作为分配标准。

第二,实行共同富裕的政策。共同富裕原则是公平与效率相统一的原则。任何人的成就与贡献都离不开社会,都是在社会中获得的。社会合作带来的共同利益不能独占,必须共享、双赢,共同富裕。中国共产党紧紧抓住保障和改善民生工作不放松,以世界上规模最大、覆盖人群最多的社会保障制度体系为抓手,着力打造人人有责、人人尽责、人人享有的社会治理共同体,有效保证人民群众幼有所育、学有所教、劳有所得、病有所医、老有所养、住有所居、弱有所扶,不断增强人民群众的获得感、幸福感、安全感。

第三,关注弱势群体。坚持男女平等基本国策,保障妇女儿童合法权益。完善残疾人社会保障制度和关爱服务体系,促进残疾人事业全面发展。"坚持房子是用来住的、不是用来炒的定位,加快建立多主体供给、多渠道保障、租购并举的住房制度。"①诸如通过发放各种助学金、奖学金、教育贷款,保障每个

---

① 习近平:《高举中国特色社会主义伟大旗帜 为全面建设社会主义现代化国家而团结奋斗——在中国共产党第二十次全国代表大会上的报告》,人民出版社2022年版,第48页。

人都平等地享有受教育的机会；采取各种给贫困家庭、生病家庭、失业者获得特别补助的福利政策；等等。

第四，注重公共精神和公共品质的培育。树立个人利益同集体利益、国家利益相辅相成，在根本上是一致的，关心集体、社会、国家，追求公正、平等、互帮互助、友爱成为全体人民共同的价值准则。一方面着力在共建共治共享的社会治理中强化公共精神的培育，致力于社会文明程度实现新的提升；另一方面，扎实提高社会的文明程度，推动形成适应社会发展要求的思想观念、精神面貌、文明风尚、行为规范。

人类文明新形态是具有中国特色的和谐公平的文明新形态，在于它植根于中华文明数千年连续发展的寻求公平正义的深厚土壤；在于它始终坚持中国共产党的领导，坚持社会主义的基本方向；在于它将上述两方面规定性有机统一起来，因而以具有深厚的正义文化根基和显著的公平优势超越了"冲突排斥"的资本主义社会文明。

五、生态文明："协调共生"对"无限逐利"的超越

人与自然的关系，是马克思主义的基本命题。人与自然的关系一直以来就共生共存、息息相关。畏惧自然、害怕自然，

或者破坏自然、忤逆自然，都会给人类带来灾难。人类只有通过认识和改造自然，顺应自然，才能实现人类与自然界的和谐共生，实现绿色环保和可持续发展。人类文明新形态以人与自然"协调共生"为基本定向，超越了人对自然的"无限逐利"攫取的资本主义生态文明。

（一）资本主义生态文明："无限逐利"

1839年3月，恩格斯在《伍珀河谷来信》一文中描述了家乡伍珀河被严重污染的情况，并明确剑指"是工厂劳动大大助长了这种现象"[①]。在这封信中，恩格斯深刻揭示了资本主义生产方式对自然环境和民众生活的负面影响，强调在资本主义制度下，所有底层民众不仅饱受普遍且恒定的贫困状态，并始终"在低矮的房子里进行工作，吸进的煤烟和灰尘多于氧气，而且从六岁起就是这样，这就势必要失掉全部力量和朝气"[②]。要想真正解决此等顽瘴痼疾，"单是依靠认识是不够的。这还需要对我们现有的生产方式"[③]和生活方式实行根本变革，即消灭资本主义制度，建立社会主义制度，以此将沉沦的生态世界进行修

---

① 《马克思恩格斯全集》（第一卷），人民出版社1956年版，第498页。
② 《马克思恩格斯全集》（第一卷），人民出版社1956年版，第498页。
③ 《马克思恩格斯全集》（第二十卷），人民出版社1971年版，第521页。

复，继而实现人与自然、人与人的幸福复归。

从全球视野来看，资本主义生产方式是全球生态危机频发的罪恶元凶。资本的全球性扩张招致严峻的生态灾难，从工业革命的发展历史和生态危机萌生的历程来看，发达资本主义国家肩负着不可推卸的历史责任，在经济全球化和国际分工的世界背景下，发达资本主义国家借助其经济和科技优势，在产业升级过程中通过转嫁环境危机实现本国经济持续发展和生态状况改善。马克思指出："如果不炸毁构成官方社会的整个上层，就不能抬起头来，挺起胸来。"[1]马克思、恩格斯深入研究了生态问题产生的根源、本质和表现，分析了资本主义社会中人与自然关系的异化，指出资本主义制度是造成生态问题的根本原因，抨击了资本主义对大自然的掠夺，并提出变革资本主义制度是解决生态问题的根本途径，即只有消灭资本主义私有制，实现和谐文明的共产主义，才能实现人与人、人与自然关系的复归，促成人类自身矛盾的"真正和解"。

（二）社会主义生态文明："协调共生"

真理性的认识并不是轻轻松松就能获得的，而是在实践中

---

① 《马克思恩格斯选集》（第一卷），人民出版社2012年版，第411—412页。

反复探索、反复检验、反复纠错而形成的。一百多年来，中国共产党人经历了环境保护—生态文明建设—生态文明新常态的重大转向。

中华人民共和国成立后，毛泽东就号召"绿化祖国"，1956年，我国开始了第一个"12年绿化运动"。社会主义革命时期，毛泽东主张做好兴修水利工作，以促进粮食增产。社会主义建设时期，毛泽东针对水旱灾害，提出要根治淮河，在全国兴修水利工程。改革开放时期，社会主义市场经济的快速发展使得人与自然之间的矛盾越来越突出。邓小平明确强调要集中力量制定环境保护法、草原法、森林法等法规，以保障我国生态环境事业发展。在第三次修订《中华人民共和国宪法》中，邓小平强调"国家保护环境和自然资源，防治污染和其他公害"。1979年颁布了《中华人民共和国环境保护法》。江泽民始终重视人口、资源、环境工作，重视人与自然的和谐与协调，坚持走可持续发展道路。他指出："我国有十二亿多人口，资源相对不足，在发展进程中面临的人口资源环境的压力越来越大。我们绝不能走人口增长失控、过度消耗资源、破坏生态环境的发展道路，这样的发展不仅不能持久，而且最终会给我们带来很多难以解决的难题。我们既要保持经济持续快速健康发展的良好势头，又要抓紧解决人口资源环境工作面临的突出问题，着眼于未来，确保实现可持续发展的目标。"①21世纪后，面对生态环境呈现出来的新特点，胡锦涛指出："实施可持续发展战略，促进人与自然的和谐，实现经济发展和人口、资源、环境相协调，坚持走生产发展、生活富裕、生态良好的文明发展道路，既是全面建设小康社会的必然要求，也是贯彻落实科学发展观的重要实践。"②

中国特色社会主义进入新时代，习近平生态文明思想从思想、法律、体制、组织、作风上全面发力，使"以人民为中心"的实践在生态领域中呈现崭新的时代面貌。第一，坚持人与自然和谐共生。人与自然是生命共同体。在整个发展过程中，要让群众望得见山、看得见水、记得住乡愁。第二，绿水青山就是金山银山。保护生态环境就是保护自然价值和增值自然资本，就是使绿水青山持续发挥生态效益和经济效益、社会效益。第三，良好生态环境是最普惠的民生福祉。生态文明是人民群众共同参与共同建设共同享有的事业，使每个人都成为生态环境的保护者、建设者、受益者。第四，统筹山水林田湖草沙系统治理。人的命脉在田，田的命脉在水，水的命脉在山，山的命脉在土，土的命脉在林和草，这个生命共同体是人类生存发展

---

① 《江泽民论有中国特色社会主义（专题摘编）》，中央文献出版社2002年版，第283页。
② 《胡锦涛文选》（第二卷），人民出版社2016年版，第183页。

的物质基础。第五，用最严格制度最严密法治保护生态环境。落实领导干部生态文明建设责任制，严格考核问责。第六，共谋全球生态文明建设。坚持环境友好，引导应对气候变化国际合作，推进"一带一路"建设，让生态文明的理念和实践造福沿线各国人民。习近平生态文明思想，深刻回答了"为什么建设生态文明、建设什么样的生态文明、怎样建设生态文明"的重大理论和实践问题，为建设美丽中国、实现中华民族永续发展提供了根本遵循和行动指南。

一百多年来，中国以"协调共生"总体上实现了更高的资源与环境保护效益，这是中国特色社会主义生态文明建设的重要历史文化根基，也是助力我们建设美丽中国、超越资本主义"无限逐利"自然观继而为全人类贡献中国智慧的独特优势。

结语：人类文明新形态具有斗争总体性特点，这是人类文明新形态的变革性生成问题。马克思、恩格斯对资本主义的批判以及由此作出的革命性结论，体现了唯物辩证法的批判性和革命性。事物之所以能够转化，是由于事物内部矛盾双方具有相互贯通的关系。事物的发展方向、趋势不是随意的，而是有规律地向自己的对立面转化。表明了事物的变化发展是一个渐进性与飞跃性、前进性与曲折性相统一的过程。资本主义文明是以资本攫取无限利润的"物质文明"，是以金钱特权取代个人特权和世袭特权的"政治文明"，是以一整套虚伪错误的"话术"教导人民接受的"精神文明"，是以攫取自然资源服务于资本家一己之私的"生态文明"。不同于资本主义文明，人类文明新形态的全面、健康之处在于，其物质文明建设选择了人民共享的价值目标和公有制的光明前景；其政治文明建设坚持了全过程人民民主的切实贯彻的民主前景；其精神文明建设趋向于人文精神的浸润和价值理性弘扬的人的全面发展的自由前景；其社会文明建设选用了和谐治理和平等稳定状态的秩序前景；其生态文明建设秉承了"绿水青山就是金山银山"的发展理念和生态中国的美丽前景。"五大文明"的整体提升为人的全面发展奠定坚实基础，逐步化解人与人、人与自然、人与自身之间的矛盾，为实现"两个和解"贡献新的文明选择，为人的自由全面发展和个性解放提供了前进性的路径。

第四章

人类文明新形态的"新"意蕴

　　物质世界的发展，特别是人类社会的发展，其实质是新事物的产生和旧事物的灭亡。在社会历史领域，新事物是社会上先进的、富有创造力的人们创造性活动的产物，它从根本上符合人民群众的利益和要求，能够得到人民群众的拥护，因而必然战胜旧事物。在学习贯彻党的二十大精神研讨班开班式上，习近平总书记强调，"中国式现代化，深深植根于中华优秀传统文化，体现科学社会主义的先进本质，借鉴吸收一切人类优秀文明成果，代表人类文明进步的发展方向，展现了不同于西方现代化模式的新图景，是一种全新的人类文明形态"。[①]人类文明新形态是在中国特色社会主义的土壤中扎根生长成熟的，是在中国的基本国情和时代特征的影响下诞生的，是在借鉴吸收一切人类优秀文明成果的基础上实现了伟大的创新，其在指导思想、领导力量、奋斗立场、社会要素、生态理念的多种协同创"新"中开辟了中华文明新境界、科学社会主义文明新境界、人类文明新境界。正是这种新事物产生、旧事物灭亡的新陈代

---

　　① 《习近平新时代中国特色社会主义思想专题摘编》，中央文献出版社、党建读物出版社2023年版，第94页。

谢运动，才使世界蓬勃发展。

一、"新"在指导思想的科学性

中国共产党为什么能，中国特色社会主义为什么好，归根到底是马克思主义行，是中国化时代化的马克思主义行。中国共产党正是在追求真理、揭示真理、笃行真理的马克思主义中国化时代化中丰富和发展了人类文明新形态。《中共中央关于党的百年奋斗重大成就和历史经验的决议》鲜明揭示出马克思主义的发展性具体体现为时代性的维度和民族性的维度，总体上来说其指导思想之科学性体现为"两个结合"的内在创新："坚持把马克思主义基本原理同中国具体实际相结合、同中华优秀传统文化相结合，坚持实践是检验真理的唯一标准，坚持一切从实际出发，及时回答时代之问、人民之问，不断推进马克思主义中国化时代化。"①

---

① 《党的十九届六中全会〈决议〉学习辅导百问》，学习出版社、党建读物出版社2021年版，第63页。

（一）把马克思主义基本原理同中国具体实际相结合之"新"

任何理论的诞生都是特定场域的产物，有孕育它的时空方位。马克思主义的诞生有它特定的场域，"资产阶级，由于开拓了世界市场，使一切国家的生产和消费都成为世界性的了"[①]。资本主义的残酷压榨引发了工人的反抗。法国、英国、德国工人运动的兴起，标志着现代无产阶级作为独立的政治力量登上了历史舞台。觉醒了的无产阶级迫切需要总结和升华自身的斗争经验，形成科学的革命理论，以指导自身的解放斗争。面对时代提出的"资本主义向何处去、人类向何处去"的课题，两位胸怀伟大理想的年轻思想家马克思、恩格斯以自觉的历史担当，迎接时代的挑战，成为新理论的创立者。1848年2月，《共产党宣言》发表，标志着马克思主义的公开问世。

十月革命一声炮响，给中国送来了马克思列宁主义。"十月革命帮助了全世界的也帮助了中国的先进分子，用无产阶级的宇宙观作为观察国家命运的工具，重新考虑自己的问题。"[②]中国共产党从成立起，就把马克思列宁主义确立为指导思想，并在不断探索中把马克思主义基本原理同中国具体实际相结合，丰

---

① 《马克思恩格斯文集》（第二卷），人民出版社2009年版，第35页。
② 《毛泽东选集》（第四卷），人民出版社1991年版，第1471页。

富和发展了马克思主义。

马克思、恩格斯曾多次指出，他们的理论不是教条，而是行动的指南。列宁强调指出，马克思的理论"所提供的只是总的指导原理，而这些原理的应用具体地说，在英国不同于法国，在法国不同于德国，在德国又不同于俄国"[①]。因此，共产党人必须将科学社会主义基本原则运用于社会主义革命、建设、改革的实践，发挥这些原则指导实践的巨大威力。同时，中国的具体国情既不同于欧洲各国，也不同于俄国。从时代来说，它一方面处在帝国主义和无产阶级革命的时代；但另一方面，中国又远远落后于时代的发展，处于生产力十分落后、半殖民地半封建的状态。因此，从实践上看，毛泽东之所以提出要实现马克思主义的中国化时代化，还源于对中国革命进程中正反两个方面实践经验的科学总结。在第一、二次国内革命战争时期，我们党经历过两次胜利和两次失败。毛泽东强调："一个正确的认识，往往需要经过由物质到精神，由精神到物质，即由实践到认识，由认识到实践这样多次的反复，才能够完成。"[②]这个过程既不是封闭式的循环，也不是直线式的发展，往往充满了曲折以至反复，因而是一个波浪式前进和螺旋式上升的过程。一方面，党创造性地把马克思主义的革命学说应用于中国

---

① 《列宁选集》（第一卷），人民出版社2012年版，第274—275页。
② 《毛泽东文集》（第八卷），人民出版社1999年版，第321页。

实际，极大地推动了中国革命的发展。另一方面，错误和挫折教育了党，使党认识到，要取得中国革命的胜利和成功，必须坚决反对教条主义和经验主义，从中国国情出发，把马克思主义的普遍原理与中国具体实际密切结合起来，推动马克思主义中国化时代化，不断实现理论上的创新。正是这个相结合，让马克思主义真理在中国土地上大放异彩："政权是由枪杆子中取得的""土地革命""农村包围城市""星星之火，可以燎原"等革命方针，"建立抗日民族统一战线""抗日战争是持久战"等策略论断。中华人民共和国成立后对新政权建设理论、执政党建设理论、城市工作理论等方面的探索和实践。改革开放新时期"一个中心、两个基本点"的提出、社会主义本质和社会主义初级阶段的提出、改革开放基本国策的提出等，把马克思主义理论具体化为路线、纲领、方针、政策和办法，用以解决中国革命、建设和改革的实际问题，都是鲜明例证。

马克思主义基本原理同中国具体实际相结合，使马克思主义摆脱停滞于抽象层面的"一般原理"，探索、总结、升华和解决了马克思主义基本原理"具体化"问题，从而用中国化时代化了的马克思主义观察、引领、把握不断发展变化的中国实践，构建了发展的中国化时代化的理论体系，丰富了马克思主义理论宝库，为丰富和发展人类文明新形态提供了思想依托。

◇ 丰富内涵

> "我们坚持和发展中国特色社会主义，推动物质文明、政治文明、精神文明、社会文明、生态文明协调发展，创造了中国式现代化新道路，创造了人类文明新形态。"
>
> 在 5000 多年中华文明积累和发展的基础上，一种以马克思主义为指导、以人民为中心、以中国特色社会主义制度为保障，展示发展中国家现代化新路径，物质文明、政治文明、精神文明、社会文明、生态文明协调发展的人类文明新形态，经过中国共产党团结带领中国人民百年奋斗而成为现实，日益在国际比较中显现出巨大优越性。

在物质文明上

◎ 我国用几十年时间走完西方发达国家几百年走过的工业化历程，创造了经济快速发展和社会长期稳定两大奇迹，推动世界经济格局深度调整，推动世界力量对比出现"东升西降"的变化。

◎ 坚持以人民为中心、以满足人民群众美好生活需要为导向、以独立自主为重要原则、与精神文明协调发展的物质文明。

◎ 避免了一些国家发展中出现的阶层、地区、宗教之间的剧烈冲突，避免了一些发展中国家遇到的"中等收入陷阱"、依附性陷阱。

在政治文明上

◎ 积极发展全过程人民民主，健全全面、广泛、有机衔接的人民当家作主制度体系，构建多样、畅通、有序的民主渠道，丰富民主形式，从各层次各领域扩大人民有序政治参与，使各方面制度和国家治理更好体现人民意志、保障人民权益、激发人民创造。

◎ 保证人民依法通过多种途径和形式管理国家事务、管理经济和文化事业、管理社会事务，拥有最广泛最真实的民主权利，人民历史主体地位得到充分尊重和彰显。

◎ 强调在高质量发展中促进共同富裕。

◎ 强调人与自然和谐，揭示了人类和自然界休戚与共的生命共同体关系。

◎ 坚持和发展马克思主义世界历史理论，继承弘扬中华民族兼济天下、协和万邦、和而不同的优秀传统文化。

开辟了科学社会主义新境界

◎ 人类文明新形态是马克思主义基本原理同中国具体实际相结合、同中华优秀传统文化相结合并在实践中探索形成的伟大成果。

◎ 创造人类文明新形态，意味着中国共产党人不仅善于破坏一个旧世界，而且善于建设一个新世界，使马克思主义的科学性和真理性、人民性和实践性、开放性和时代性进一步彰显，开辟了科学社会主义新境界。

拓展了实现全人类共同价值的路径

◎ 打破了文明形态的"西方中心论"，为实现人类千百年来共同追求的价值提供了新的路径、智慧和启迪。

◎ 向世界证明，在追求人类共同价值方面，中华民族不仅能够赶上时代，而且可以做得更好。

◎ 拓展了实现人类共同价值的路径，昭示了实现全人类共同价值的光明前景。

一图读懂人类文明新形态

◇◇ 重大意义

我们党领导人民在中国特色社会主义伟大实践中创造的人类文明新形态，对于中华民族和整个世界的发展进步都具有重要的现实意义和深远的历史意义。

中华民族历史上又一次伟大创造

◎ 从文明新形态所涵盖的内容看，"新"表现在我们在物质文明、政治文明、精神文明、社会文明、生态文明上都有新的创造，并且这五大文明具有内在统一性。

◎ 从文明创新的方式看，"新"表现在思想观念、制度体系、发展道路、人文精神、社会实践等方面，并且构成一个有机统一的整体。

◎ 从文明产生的基础看，"新"表现在以社会主义先进文化为本体，充分吸收革命文化、中华优秀传统文化和一切人类文明先进成果，是在中国特色社会主义伟大实践中形成的具有划时代意义的整体性文明创新。

为人类文明增添新内涵

◎ 坚持发展为了人民、发展依靠人民、发展成果由人民共享，明确了人民群众是历史发展和社会进步的主体力量。

◎ 坚持马克思主义的世界观和方法论，倡导人民树立强大的历史主动精神，掌握规律、认识世界、改造世界。

◎ 避免了西方金钱政治、党派纷争、政治极化、议而不决、短期行为的弊端。

在精神文明上

◎ 不断吸收中华优秀传统文化精华，继承发扬革命文化，发展社会主义先进文化，构筑起中国精神、中国价值、中国力量，巩固全党全国各族人民团结奋斗的共同思想基础。

◎ 中华优秀传统文化在新的历史条件下获得传承弘扬和创造性转化、创新性发展。

在社会文明上

◎ 着眼于国家长治久安、人民安居乐业，建设更高水平的平安中国，完善社会治理体系，健全党组织领导的自治、法治、德治相结合的城乡基层治理体系，推动社会治理重心向基层下移，建设共建共治共享的社会治理制度，建设人人有责、人人尽责、人人享有的社会治理共同体。

◎ 以保障和改善民生为重点加强社会建设，尽力而为、量力而行，一件事情接着一件事情办，一年接着一年干，在幼有所育、学有所教、劳有所得、病有所医、老有所养、住有所居、弱有所扶上持续用力，使人民获得感、幸福感、安全感更加充实、更有保障、更可持续。

在生态文明上

◎ 在探索人与自然和谐共生的现代化道路中形成了习近平生态文明思想，丰富发展了马克思主义生态观，继承弘扬了中华优秀传统文化天人合一、道法自然的观念，指导建设人与自然和谐共生的生命共同体，我国生态环境保护发生历史性、转折性、全局性变化。

◎ 破解了发展与保护难题，为人类应对气候变化等全球性挑战提供了中国智慧和中国方案。

（二）把马克思主义基本原理同中华优秀传统文化相结合之"新"

马克思主义基本原理同中华优秀传统文化相结合，其宗旨在于激活中华优秀传统文化，解决马克思主义在中国文化土壤落地生根、根深叶茂问题，为马克思主义中国化时代化夯实历史基础和群众基础。

每个国家和民族的历史传统、文化积淀、基本国情不同，其发展道路必然有着自己的特色。古代中国，一直以来都有着"天下为公"的社会理想追求、以家国天下为己任的情怀，都使得中华优秀传统文化与马克思主义、社会主义之间具有天然的联系和亲和性，并成为二者可以结合的基础。当然，这也得益于中国先进知识分子在马克思主义的早期传播中有一个值得重视的、宝贵的辩证取向：他们一方面抛弃和深刻批判中国的封建文化，确立和坚定了马克思主义信仰；另一方面又敢于肯定和继承中华优秀传统文化，并力图将其同马克思主义结合起来。陈独秀、李大钊、毛泽东等均是典型代表。李大钊认为东方文明是"静"的文明，西方文明是"动"的文明，东方文明应该吸收西方文明的优长"以创造新生命，而演进于无疆"。中国先进知识分子的这种价值取向，实际上是激活了中华优秀传统文化的"和合"等思想基因，使之最终汇聚成马克思主义中国化时代化理论成果的宝库。在方法路径上，最经典的方法是把马克思主义的精髓要义用中国人的练达之语表述出来，犹如挖掘出中华优秀传统文化的金矿，再注之以马克思主义的魂魄，使其成为打开中国人心灵的金钥匙。在这方面，毛泽东堪称典范，他用"实事求是""一分为二""群众路线""独立自主""调查研究""解剖麻雀"等生动鲜活的中国语言，来表达马克思主义的唯物论、辩证法和唯物史观，十分有利于中国人民理解接受，完成了马克思主义中国化时代化最艰难的世界观和方法论的基本架构。新时代以来，以习近平同志为主要代表的中国共产党人积极吸收中华优秀传统文化中"讲仁爱、重民本、守诚信、崇正义、尚和合、求大同"的思想精髓，以去其糟粕、取其精华、古为今用、推陈出新的扬弃态度批判性传承中华传统文化，让其在马克思主义真理之光的淬炼下迸发出新的强大生命力。2023年，习近平总书记深情论述"建设中华民族现代文明"这个重大命题，提出全球文明倡议。

从更为宏阔的视野来看，马克思主义基本原理同中华优秀传统文化相结合不仅为中国共产党创造出了契合自身实际的指导思想，还顺利地推动了中华优秀传统文化的现代转型、世界发展。

习近平总书记指出："如果能将理论高度与实践深度有机地

结合起来，就能更好地做好领导工作。"①指导思想"两个结合"之新是一种理论与实践的双向科学性运动。中国社会实践提供了马克思主义成长的中国场域，具有鲜明民族特色的中华优秀传统文化为理论创新提供了极为富足的矿源，有力地促进了中国共产党人立足中国国情进行一系列关于中国革命和建设规律的探索。同时，特殊性又为普遍性开拓了道路，富有民族特色的中国化时代化的马克思主义理论成果丰富了马克思主义理论宝库，从而丰富和发展了人类文明新形态的新内涵，为解答"时代之问"贡献中国智慧。

二、"新"在领导力量的先进性

近代以来，政党在世界范围兴起，政党政治逐渐成为国家政治的主流形式，这是近现代政治的一个必要条件。在世界政党产生的潮流中，中国共产党得以产生。作为一个强有力的政党，中国共产党能够以结构化的共同利益整合分散的个体利益，连接个体与整体，成为维系和推动社会过程和政治过程运转的枢纽。"党领导人民成功走出中国式现代化道路，创造了人类文

---

① 习近平：《摆脱贫困》，福建人民出版社1992年版，第156页。

明新形态"，党的十九届六中全会决议的这一重要论断，科学概括了中国共产党百年奋斗史在人类文明发展史上的重要地位，充分彰显出党在人类文明新形态创造中的坚强领导核心地位。

（一）党的性质——两个先锋队

实现共产主义是共产党人的最高理想和不懈追求。共产党之所以是共产党，就是因为它把实现共产主义作为自己的最高理想，并矢志不渝地为之奋斗。不论在任何时期和任何条件下，坚定共产主义理想信念，坚守共产党人精神追求，始终是共产党人安身立命的根本。对马克思主义的信仰，对社会主义和共产主义的信念，是共产党人的政治灵魂，是共产党人经受住任何考验的精神支柱。《中国共产党章程》规定："中国共产党是中国工人阶级的先锋队，同时是中国人民和中华民族的先锋队，是中国特色社会主义事业的领导核心，代表中国先进生产力的发展要求，代表中国先进文化的前进方向，代表中国最广大人民的根本利益。党的最高理想和最终目标是实现共产主义。"①

中国共产党代表的"两个先锋队"，把阶级性、先进性与代表性、群众性结合起来，把巩固党的阶级基础同扩大党的群众

———
① 《中国共产党章程》，人民出版社2022年版，第1页。

基础统一起来，从而成为中国最先进的政治力量。"两个先锋队"理论的系统形成，表明党对先进性的认识达到新高度。"工人阶级的先锋队"是党的根本属性，这个根本属性是马克思主义政党学说的核心，关系到共产党能否安身立命，最终实现共产主义。"中国人民和中华民族的先锋队"是根本属性的补充和展开，指党不仅代表工人阶级的根本利益，也代表人民和民族的根本利益，为民族和人民利益而斗争。这既符合时代发展对党的发展的要求，也符合国内社会阶层结构变化的现实。

中国共产党代表"两个先锋队"执政的实质在于把人民赋予的权力用来为人民服务，其执政使命归结到一点，就是要把中国最广大人民的根本利益以及集中体现这种根本利益的国家利益维护好、实现好、发展好。因此，两个先锋队实质是一个命运统一体，即中华民族共同体，其执政使命自然要以人民利益为中心，形成磅礴的伟力，以建成强大的社会主义国家。陈毅元帅曾深情地说过，淮海战役的胜利是人民群众用小车推出来的。

从世界范围看，中国共产党同样呈现出明显的先进性的特征。从革命的角度来看，中国自身实现国家独立、民族解放，这本身是进步的；中国革命的成功对众多殖民地、半殖民地起了引领、示范作用。而且殖民帝国主义体系由此最终得到瓦解，这是现代世界政治体系的一场革命，恢复了世界的正义。从建设的角度来看，欧美是通过殖民美洲、通过帝国主义实现工业化的，这是零和性的，具有巨大的负外部性；中国的发展则是内生型的，具有包容性、互惠性，给世界带来了巨大的正外部性。中国的发展也打破了欧美国家在诸多领域的垄断，给第三世界国家更多选择权。比如新时代的中国通过"一带一路"建设，带动其他国家发展，以实现共建人类命运共同体的理念，向着人类的正确方向前进。

（二）崇高的革命理想

理想作为一种精神现象，是人类社会实践、社会存在的产物。政治纲领是政党向人民宣示的政治目标与承诺，以及表明的政治主张和立场。党的纲领是党的旗帜与行动指南。中国共产党成立后，在党的二大制定的最高纲领中就提到：中国共产党的"目的是要组织无产阶级，用阶级斗争的手段，建立劳农专政的政治，铲除私有财产制度，渐次达到一个共产主义的社会"。实现共产主义是工人阶级和劳动人民的根本利益和理想，也是近代以来波澜壮阔的革命运动，从古至今还没有哪一种社会思潮像共产主义那样深入人心，具有极大的吸引力和凝聚力。中国共产党将这一神圣使命提出来，并置于自己的肩上。

中国共产党不仅明确规定了自己的纲领，而且把它区分为最高纲领与最低纲领。实现党的最高纲领即共产主义奋斗目标是一个漫长的历史过程，必须通过具体历史时期的最低纲领来体现。因此，实现党的最低纲领是实现党的最高纲领的必要准备，是实现党的最终目标的阶梯。因此，我们党在不同历史时期，总是根据人民意愿和事业发展需要，提出富有感召力的阶段性奋斗目标，并团结带领人民为之奋斗，这是我们党领导人民从一个胜利走向另一个胜利的成功经验。为了全面建成社会主义现代化强国，党的二十大报告作出这样的战略安排："从二〇二〇年到二〇三五年基本实现社会主义现代化；从二〇三五年到本世纪中叶把我国建成富强民主文明和谐美丽的社会主义现代化强国。"①届时"全体人民共同富裕"基本实现。

基此，我们宏观地比较中西一百多年的历史，可以看到：在代表性——分利型政党支配下，欧美历史进程基本是"自为的"，没有理想，没有方向；只有分利，没有政治；国家不是一个政治共同体，而是分利联合体。结果就是，文明日益退化，国家没有未来。中国共产党有长远理想——共产主义社会。长远目标确定了历史前行方向，中国共产党运用其能动的实践的认识论，划分阶段，分析时局，确定历史任务，制定发展规划，

---

① 习近平：《高举中国特色社会主义伟大旗帜　为全面建设社会主义现代化国家而团结奋斗——在中国共产党第二十次全国代表大会上的报告》，人民出版社2022年版，第24页。

以人民为中心,推动国家前行,取得了历史性成就,并最终形成了人类文明新形态。

(三)强大的自我革命力

马克思主义科学性、革命性、实践性和人民性的品格,为中国共产党自我革命提供了理论和实践基础。马克思主义的革命性主要集中体现在其彻底批判精神上。在《资本论》第二版跋文中,马克思指出:"辩证法在对现存事物的肯定的理解中同时包含对现存事物的否定的理解,即对现存事物的必然灭亡的理解;辩证法对每一种既成的形式都是从不断的运动中,因而也是从它的暂时性方面去理解;辩证法不崇拜任何东西,按其本质来说,它是批判的和革命的。"[①]这一科学论断,指出了事物的发展过程是自我革命的内在要求。一百多年来,中国共产党一路奋斗,始终保持了马克思主义政党自我革命这一特质。

从革命战争年代持续开展党的建设"伟大工程",到改革开放以后持续开展党的建设"新的伟大工程",再到新时代党的建设新的伟大工程,我们党不断增强自我净化、自我完善、自

---

① 马克思:《资本论(纪念版)》(第一卷),人民出版社2018年版,第22页。

我革新、自我提高能力，使之成为经得起各种风浪考验、朝气蓬勃的马克思主义政党。新民主主义革命时期，以李大钊、陈独秀、毛泽东、周恩来、邓中夏等为代表的初步具有共产主义思想的革命知识分子，为中国的前进开辟了一条全新的道路。中国共产党成立后不久，便投入到轰轰烈烈的大革命运动中。1927年蒋介石、汪精卫集团相继背叛革命，屠杀大量革命群众和共产党人。在大革命面临失败的紧要关头，中国共产党何去何从？ 1927年8月7日党中央在湖北汉口召开会议，检讨党的工作，批判大革命后期出现的问题，确立了实行土地革命和武装起义的总方针。会议通过的《中国共产党中央执行委员会告全党党员书》指出："我们党公开承认并纠正错误，不含混不隐瞒，这并不是示弱，而正是证明中国共产主义运动的力量。"[①]此次会议给正处在思想混乱和组织涣散中的中国共产党指明了新的出路，开启了由大革命失败到土地革命战争兴起的历史性转变。中华人民共和国成立以来，我们党历史上具有深远的自我革命意义的伟大转折是1978年底召开的党的十一届三中全会。中国共产党在历史关键时期选择直面错误、纠正错误并坚定地提出了改革开放的伟大决策，使我们的社会主义建设事业平稳接续发展，且在此基础上成功地开创和发展了中国特色社会主

---

① 《建党以来重要文献选编（1921—1949）》（第四册），中央文献出版社2011年版，第410页。

义，并将其胜利地推进到21世纪。党的十八大以来，以习近平同志为核心的党中央大刀阔斧地全方位推进深化改革，特别是在党的建设方面，以刀刃向内的自我革命精神直面党内存在的突出问题，直击积弊，清扫顽疾，发出了"打铁还需自身硬"的警醒与行动，可以说是开启了一场新的更大力度的"自我革命"。中国共产党成立一百多年来，前后三份历史决议充分体现了这种政治理性的特点。党的二十大报告指出："经过不懈努力，党找到了自我革命这一跳出治乱兴衰历史周期率的第二个答案，自我净化、自我完善、自我革新、自我提高能力显著增强，管党治党宽松软状况得到根本扭转，风清气正的党内政治生态不断形成和发展，确保党永远不变质、不变色、不变味。"①因此，中国没有重复苏联的老路，也没有重复欧美的老路，更没有跌入大多数第三世界国家遭遇的发展陷阱，最终创造了人类文明新形态，给其他国家提供了全新选择。

习近平总书记多次强调，"中国特色社会主义最本质的特征是中国共产党领导，中国特色社会主义制度的最大优势是中国共产党领导"②，"两个最"的重大政治论断，不仅是中国共产党

---

① 习近平：《高举中国特色社会主义伟大旗帜 为全面建设社会主义现代化国家而团结奋斗——在中国共产党第二十次全国代表大会上的报告》，人民出版社2022年版，第14页。
② 《习近平著作选读》（第一卷），人民出版社2023年版，第6页。

带领人民进行中国特色社会主义伟大实践的经验总结，更是人类文明新形态伟大实践的理论升华。

三、"新"在"中国之治"的独特性

当前，大致来讲，人类文明存在"文明共存论"与"文明冲突论"两种文明观。"文明共存论"即指"中国之治"形成的人类文明新形态，一方面，意指国内和谐治理；另一方面，意指对世界的和谐治理。现代资本文明因为注重个人利益，以资本逻辑为核心，以对抗为原则，在本质上属于"文明冲突论"，其结果是使人类文明走向文明的终结。"中国之治"批判和超越了西方文明中心主义，为当今人类文明共存提供了契机。

（一）"中国之治"是"天下"之治

资本主义所造就的现代文明是以自由主义为核心、以个体性为根本原则的文明，它过分强调个人利益和个人权利，甚至不惜牺牲人类的根本利益。在国际交往中，面对全球危机，现代资本文明习惯从本国的国家利益出发去考虑问题，而当人类面临日趋严重的生存和发展危机之时，尝试开创一种新的文明形态便成为历史的必然选择。

一般意义上讲，"天下"自然是一种共同体，一个包括了家国及以上更广泛主体的共同体。天下为公承载了中国人对于天下内涵的理解，对于政治与社会发展的愿景，它是中国人的千年梦想，自然也是中国社会总的秩序要求。汉代董仲舒在谈论治理"天下"时，就认为"大一统"是国家（天下）长治久安最有效的普遍原则。在这里，"大一统"不是倡导一种单一文化、单一民族，而是指对"普天之下"的一种责任担当，形成的一种共识。

"中国之治"站在中华文化创造性转化的立场上，按照马克思主义"自由人联合体"的理想社会为指引，成为推动人类文明新形态发展的"天下"之治：在国内政治中，我们在中国共产党的领导下始终不渝走中国特色社会主义道路，不断强化中国人民、中华民族命运共同体，努力促进民生幸福、实现中华民族的伟大复兴；在国际政治中，我们牢牢把握当今世界和平与发展的时代主题，坚持对外开放的基本国策，坚定奉行独立自主和平外交政策，积极发展全球伙伴关系，扩大各国的利益交汇点，秉持共商共建共享的全球治理观，发挥负责任大国的积极作用，努力构建人类命运共同体。党的十九大报告向全世界宣示，"中国共产党始终把为人类作出新的更大的贡献作为自己的使命"①。党的二十大报告提出:"中国始终坚持维护世界和平、促进共同发展的外交政策宗旨,致力于推动构建人类命运共同体"②,彰显了中国共产党人的天下担当。

"中国之治"创造的人类文明新形态的起点是"人类社会",价值指向是"人类命运共同体",从而超越了西方资本文明的"利己主义"文明观。

(二)"中国之治"是人民之治

人民之治是中华优秀传统治理文化的时代转化。"以民为本"的执政理念在我国已有三千多年,是国家兴衰的关键之所在。中国古代大部分统治者都倡导诸如"民贵君轻""听政于民""与民同乐"等民本思想,为"中国之治"提供了丰富的文化资源。新时代的"中国之治"始终坚持以人民为中心的发展思想,把人民作为实践主体、认识主体、价值主体、历史主体,始终坚持人民立场,坚信党的根基和力量在人民,体现中国共产党人的治国理念和执政实践,较好地阐释与印证了中国传统

---

① 习近平:《决胜全面建成小康社会 夺取新时代中国特色社会主义伟大胜利——在中国共产党第十九次全国代表大会上的报告》,《人民日报》,2017年10月28日。

② 习近平:《高举中国特色社会主义伟大旗帜 为全面建设社会主义现代化国家而团结奋斗——在中国共产党第二十次全国代表大会上的报告》,人民出版社2022年版,第60页。

文化的民本情怀。

正确处理人民内部矛盾，维护社会和谐稳定。积极推动解决广大人民群众最关心最直接最现实的利益问题，不断打牢和巩固社会和谐稳定的物质基础。完善社会矛盾排查预警机制、完善重大决策社会稳定风险评估机制、完善矛盾纠纷多元化解机制，积极推动人民调解、行政调解、司法调解衔接联动，推进诉讼与非诉讼方式有机衔接，建立规范完善的公众参与规则程序。推动形成办事依法、遇事找法、解决问题用法、化解矛盾靠法的良好环境。

习近平总书记明确指出："江山就是人民、人民就是江山，打江山、守江山，守的是人民的心。"[①]"中国之治"本质就是人民之治，"中国之治"提出的构建人类命运共同体理念是实现人类解放及自由全面发展的必由之路。

（三）"中国之治"是和谐之治

中国文化是"和合文化"，中华文明始终崇尚的"以和邦国""和而不同""以和为贵"等理念世代相传，深深植根于中华民族的精神世界之中，既可以用于处理人与人之间的关系，

---

① 习近平：《在庆祝中国共产党成立100周年大会上的讲话》，《人民日报》，2021年7月2日。

又适用于处理国与国、民族与民族，及至文明与文明之间的关系。

党的十六大以后，党中央站在发展中国特色社会主义的战略高度，根据我国改革开放和现代化建设出现的新情况新问题，提出构建社会主义和谐社会。党的十七大、十八大反复强调建设社会主义和谐社会的重要性，将社会建设纳入建设中国特色社会主义的总布局。我们所要构建的社会主义和谐社会，是民主法治、公平正义、诚信友爱、充满活力、安定有序、人与自然和谐相处的社会。民主法治，就是社会主义民主得到充分发扬，依法治国基本方略得到切实落实，各方面积极因素得到广泛调动。公平正义，就是社会各方面的利益关系得到妥善协调，人民内部矛盾和其他社会矛盾得到正确处理，社会公平和正义得到切实维护和实现。诚信友爱，就是全社会互帮互助、诚实守信，全体人民平等友爱、融洽相处。充满活力，就是能够使一切有利于社会进步的创造愿望得到尊重，创造活动得到支持，创造才能得到发挥，创造成果得到肯定。安定有序，就是社会组织机制健全，社会管理完善，社会秩序良好，人民群众安居乐业，社会保持安定团结。人与自然和谐相处，就是生产发展，生活富裕，生态良好。上述六个方面是相互联系、相互作用的，体现了民主与法治的统一、公平与效率的统一、活力与秩序的统一、科学与人文的统一、人与自然的统一，是"中国之治"

的基本践行思路。

在国际上,"中国之治"强调各文明体之间和谐、和平、共存,提倡建立以合作共赢为核心的新型国际关系,主张在尊重各国合理利益的基础上,通过合作共赢实现人类共同利益。从改革开放初期和平与发展时代主题的确定,再到新时代构建人类命运共同体理念的提出,都是对和谐之治这一概念的继承和创新。

在人类文明的范式下,"天下"之治、人民之治、和谐之治构成"中国之治"独特的新文明内涵。"中国之治"开创的人类文明新形态强调人类利益,以人本逻辑为核心,以和谐为原则,它使人类文明打破独霸的陈旧理念,形塑了共存的新思维,塑造和引领人类走向新文明。这彰显"中国之治"既立足于民族国家,又超越了民族国家的界限,价值指向是人类整体的、全面的发展。

四、"新"在发展的和平性

文明与对抗相伴而生。与以往的原始文明、封建文明形态相比,资本文明是人类文明的高级形态,然而,这种高级文明形态本身包含的斗争与对抗因素超越了之前所有的文明形态,习惯利用"零和博弈论"和"冷战思维"夸大西方文明与非西方文明的对抗，宣扬"修昔底德陷阱"，对其他文明不是包容和接纳，而是打压和排挤，试图以"丛林法则""国强必霸"的发展逻辑来遮掩世界政治经济秩序不公这一导致世界动荡不安、矛盾丛生的根本原因，阻碍了世界文明发展进程。

与西方资本主义对外扩张掠夺生存发展的原则不同，习近平总书记指出："和平、和睦、和谐是中华民族5000多年来一直追求和传承的理念，中华民族的血液中没有侵略他人、称王称霸的基因。"① 中华文明信奉的是"和为贵"的价值观念，国家不管大小强弱，中国从来没有侵略过别的国家，而是提倡和而不同、多元共存。消除战争，实现和平，是近代以后中国人民最迫切、最深厚的愿望。中国人民对战争带来的苦难有着刻骨铭心的记忆，对和平有着孜孜不倦的追求，深信只有和平才能实现人民安居乐业，只有发展才能实现国家繁荣富强，只有合作才能实现世界和平稳定。

中国是一个发展中的社会主义大国，和平、发展、合作、共赢是我们的主张、我们的理念、我们的追求。努力实现和平发展，始终是中国谋求发展的宗旨和原则。社会主义中国走和平发展道路，无疑为人类和平与发展的崇高事业增添了极其重

---

① 习近平：《在庆祝中国共产党成立100周年大会上的讲话》，人民出版社2021年版，第16页。

要的积极因素。中国历来反对各种形式的霸权主义和强权政治，现在走和平发展道路，将来强大了也要走和平发展道路，这是我们的基本社会制度和政治信念使然。

我们倡导和坚持的和平发展道路归结起来就是：既通过维护世界和平发展自己，又通过自身发展维护世界和平；在强调依靠自身力量和改革创新实现发展的同时，坚持对外开放，学习借鉴别国长处；顺应经济全球化发展潮流，寻求与各国互利共赢和共同发展；同国际社会一道努力，推动建设持久和平、共同繁荣的和谐世界，努力实现和平的发展、开放的发展、合作的发展、和谐的发展。

当今世界正面临大变局大变动，人类正面临着前所未有的难题和挑战，但时代主题并未改变，仍然是和平与发展。中国式现代化道路中并行创造的人类文明新形态从来不是强征暴敛的侵略，而是弘扬和平、发展、公平、正义、民主、自由的全人类共同价值的文明形态，人类文明新形态的生成与发展是世界文明形态发展进步的一个全新阶段，为世界后发国家的现代化发展提供了超越资本主义文明形态的全新方案。

结语：人类文明新形态具有创新总体性特点，这是人类文明新形态的整体性成长问题。在新陈代谢的发展过程中，新事物是不可战胜的。这是因为：第一，就新事物与环境的关系而言，新事物之所以新，是因为有新的要素、结构和功能，它适应已经变化了的环境和条件；旧事物之所以旧，是因为它的各种要素和功能已经不适应环境和客观条件的变化，走向灭亡就成为不可避免的。第二，就新事物与旧事物的关系而言，新事物是在旧事物的"母体"、边缘或斗争中孕育成熟的，它既否定了旧事物中消极腐朽的东西，又保留了旧事物中合理的、适应新条件的因素，并添加了旧事物所不能容纳的新内容。这也正是新事物在本质上优越于旧事物、具有强大生命力的原因所在。在社会历史领域，新事物是社会上先进的、富有创造力的人们创造性活动的产物，它从根本上符合人民群众的利益和要求，能够得到人民群众的拥护，因而必然战胜旧事物。在五个文明协调发展基础上形成的"人类文明新形态"，相较于资本主义文明，在指导思想、领导力量、人民立场、和平发展等多种要素协同创"新"中超越了"西方中心论""历史终结论""文明冲突论"等话语体系，实现了社会主义文明对资本主义文明的扬弃发展。这一人类文明新形态包含了对"时代之问、人民之问、中国之问、世界之问"的创新回答，实现了文明理论的"术语的革命"，为人类文明的发展和进步作出了重大贡献，开辟了21世纪马克思历史唯物主义文明观发展的新境界。

第五章 ●

人类文明新形态的规律性揭示

规律是事物变化发展过程中本身所固有的内在的、本质的、必然的联系。人们只有在认识和掌握客观规律的基础上，才能正确地认识世界，有效地改造世界，才能更好地前进。党的二十大报告指出，总结过去五年的工作和新时代十年的伟大变革，"不断丰富和发展人类文明新形态"构成了党和国家事业发展所取得的历史性成就和历史性变革的重要组成部分。展望新时代新征程中国共产党的使命任务，"创造人类文明新形态"标注了中国式现代化的本质要求。深入学习中国共产党的历史和领会党的二十大精神，我们可以得到的一个明确结论：就是作为一个全新的理论范畴，人类文明新形态因其以全新的概念建构表征了我们党一百多年奋斗的历史逻辑、理论逻辑、实践逻辑，并以其全新的视野深化了对共产党执政规律、社会主义建设规律、中国特色社会主义建设规律、人类社会发展规律的认识，确证了中国特色社会主义的强大生命力。

一、深化了对共产党执政规律的认识

人类文明新形态坚持以人民为中心，深刻把握共产党的执政本质，着眼于实现全人类的解放，明确共产党执政的终极目标，深化了对共产党执政规律的认识，从共产党的执政原则、执政立场、执政目标、执政特质、执政经验等维度为世界社会主义国家的执政党建设提供了崭新视野和丰富经验。

（一）中国共产党的执政原则：坚持和加强党的全面领导

一百多年来，为了实现中华民族伟大复兴的历史使命，我们党初心不改、矢志不渝，团结带领人民历经千难万险，付出巨大牺牲，取得了一个又一个伟大斗争的胜利。实践证明，坚持和加强党的全面领导，是党和国家的根本所在、命脉所在，是全国各族人民的利益所在、幸福所在，是战胜一切困难和风险的"定海神针"。

党是最高政治领导力量，党的领导是全面领导。党作为领导一切的核心力量，在中国特色社会主义事业整体推进中发挥着重要作用，确立中国共产党的领导地位是中国改革、发展、稳定的一大幸事。就人类文明新形态而言，其价值立场的确立、目标的设定、逻辑的遵循、路径的选择、实践中的完善，都是在党的领导下进行的。党的二十大报告中强调，在全面建设社会主义现代化国家的征程上，首先必须把握的重大原则就是坚持和加强党的全面领导。处于这一历史方位中的人类文明新形态，包含物质文明、政治文明等五大文明，在实践中五大文明的协调发展和整体推进必须坚持党的全面领导。

今天，中国比历史上任何时期都更接近、更有信心和能力实现中华民族伟大复兴的目标。同时要看到，在实现民族复兴的伟大征程上，中国特色社会主义事业要取得更大进步，不知还要爬多少坡、过多少坎，经历多少风风雨雨、克服多少艰难险阻。完成艰巨光荣的历史使命，战胜前进道路上的风险挑战，也必须在党的全面领导下发挥社会主义制度集中力量办大事的优势，从而为人类文明新形态的深化发展提供坚实的政治保障和更为主动的精神力量，在实践中进一步深化对共产党执政本质的把握，从而进一步深化对共产党执政规律的认识。

（二）中国共产党执政立场：以人民为中心

人民立场是中国共产党的根本政治立场。习近平总书记指出："中国共产党人的理想信念，建立在马克思主义科学真理的基础之上，建立在马克思主义揭示的人类社会发展规律的基础之上，建立在为最广大人民谋利益的崇高价值的基础之上。我们坚定，是因为我们追求的是真理。我们坚定，是因为我们遵循的是规律。我们坚定，是因为我们代表的是最广大人民根本利益。"①人类文明新形态作为中国共产党领导的、社会主义性质的文明形态，对"人民立场"的贯彻主要体现在三个方面。

　　人类文明新形态推动"物的标准"向"人的尺度"回归。以资本逻辑为主导的资本主义文明建构起以"物"为目的的文明体系，而共产主义方向的人类文明新形态坚持以人为主体尺度和价值尺度，以人的发展作为评价文明进步与否的标准，建构起以人本逻辑为主导、以"人"为出发点和落脚点的文明体系，推动"物的标准"向"人的尺度"回归。"人民至上"在社会主义中国、在中国共产党的领导下，不是一种教条的抽象概念，中国共产党"始终代表最广大人民根本利益……从来不代表任何利益集团……任何特权阶层的利益"，这是中国共产党的鲜明立场。习近平总书记经常提到20世纪五六十年代福建省东山县委书记谷文昌同志的事迹。谷文昌同志在东山县工作了15年，带领全县人民拼搏奋战，植树造林、治理风沙、修建水库，把荒芜的东山岛变成富饶的粮仓，使群众摆脱了世代逃荒要饭

---

　　① 《习近平谈治国理政》（第二卷），外文出版社2017年版，第50页。

的苦日子。为了人民，不计成本、不计代价，这就是我们党以人的发展作为评价文明进步与否的标准的真实写照。我们党来自人民、植根人民、服务人民，除了工人阶级和最广大人民群众的利益，党没有自己特殊的利益，任何时候都把群众利益放在第一位，不允许任何党员脱离群众，凌驾于群众之上。人类文明新形态推进物质文明与精神文明相协调，注重生态文明建设，以实现共同富裕为目标，满足人民需要内容的拓展和需要质量的提升，促进人的全面发展和社会全面进步，与人民的美好生活具有共同价值追求并引领着美好生活的实现，从根本上超越了资本主义文明的"唯资本"特性。

人类文明新形态的深化发展必须以人民群众为力量源泉。生活最深刻，群众最智慧。历史唯物主义认为："历史不过是追求着自己目的的人的活动而已。"[①]习近平总书记指出，总结我们党发展壮大的经验，很重要的一条，就是始终把群众作为智慧和力量的源泉，始终把政治智慧的增长、执政本领的增强深深扎根于人民的创造性实践之中。我们党制定任何一项政策，推进任何一项改革，都要倾听人民呼声，汲取人民智慧。人类文明新形态的创造主体和享用主体都是人民，同时人类文明新形态作为一种"进行时"的文明形态具有实践性和发展性，在经

---

① 《马克思恩格斯全集》（第二卷），人民出版社1957年版，第118—119页。

济、政治、生态各领域都设有目标方向和发展规划，这些目标的实现必须紧紧依靠人民，从人民中汲取智慧和力量源泉。

人民群众是我们党的力量源泉，人民立场是中国共产党的根本政治立场。我们追求的发展是造福全体人民的发展，是实现人民利益最大化的发展，是朝着人民期望、向着更加公平、更可持续的发展，人民立场不仅有助于理解人类文明新形态的价值内核，而且在实践中证明中国共产党对根本政治立场的坚守，深化了对共产党执政本质的把握，从而进一步深化了对共产党执政规律的认识。

（三）中国共产党执政终极目标：实现全人类的解放

社会主义经过长期的发展，在高度发达的基础上，最终将走向共产主义。共产主义不仅是一种科学的理论和这种理论指导下的现实的运动，而且是一种未来的社会制度和社会形态。实现共产主义是人类历史发展的必然趋势，是马克思主义最崇高的社会理想。人类文明新形态的主体面向不仅是中国人民，而且是世界人民，体现了中国共产党执政的终极目标是实现全人类的解放，也体现了中国共产党坚持胸怀天下的责任担当，深化了对共产党执政规律的认识。

一是人类文明新形态的创造作为人类文明演进中的大事件，

是中国共产党顺应世界历史发展大趋势提出的全新命题。现实中的社会主义社会是共产主义社会的初级阶段，虽然它距离未来社会的高级阶段即共产主义社会尚远，但从社会性质上来说是一致的。因此，在对未来共产主义社会的认识上，从社会主义社会中得到的启示应该比从资本主义社会中得到的启示更多、更直接、更有价值。

随着历史向世界历史的转化，个人活动、个人能力、个人发展等都将逐渐打破地域性而被卷入世界历史的洪流，在现代化、全球化浪潮的推动下，"每一个单个人的解放的程度是与历史完全转变为世界历史的程度一致的"①。人类文明新形态作为"世界历史性"存在，是中国共产党向着最高理想和最终目标迈进而做出的实质性努力。"五大文明"的整体提升为人的全面发展奠定坚实基础，化解人与人、人与自然、人与自身之间的矛盾，为实现"两个和解"贡献新的文明选择，为人的自由全面发展和个性解放提供路径。

二是"党和人民事业是人类进步事业的重要组成部分。一百年来，党既为中国人民谋幸福、为中华民族谋复兴，也为人类谋进步、为世界谋大同，以自强不息的奋斗深刻改变了世界发展的趋势和格局"②。中国共产党自成立之日起，就担负起

---

① 《马克思恩格斯文集》（第一卷），人民出版社2009年版，第541页。
② 《中共中央关于党的百年奋斗重大成就和历史经验的决议》，人民出版社2021年版，第64页。

这样的历史任务，自觉地把自身发展置于人类发展的坐标系中。抗日战争时期，中国共产党成为全民族抗战的中流砥柱，支撑起中华民族救亡图存的希望，也为赢得世界反法西斯战争全面胜利做出了历史性的贡献。1950年10月上旬，应朝鲜党和政府的请求，中共中央做出抗美援朝、保家卫国的战略决策；10月8日，毛泽东发布命令，组成中国人民志愿军，彭德怀兼任司令员和政治委员；19日，中国人民志愿军进入朝鲜战场；25日，志愿军与敌军遭遇，打响出国作战的第一次战役。1953年7月27日，《关于朝鲜军事停战的协定》签署。到1958年10月，中国人民志愿军分三批全部撤出朝鲜回国。抗美援朝战争伟大胜利，是中国人民站起来后屹立于世界东方的宣言书，是中华民族走向伟大复兴的重要里程碑，充分彰显了为了人类和平与正义事业而奋斗的伟大的国际主义精神。1971年10月25日，第二十六届联合国大会以压倒性多数的票数通过了2758号决议，恢复中华人民共和国在联合国的一切合法权利；11月15日，中华人民共和国代表团首次出席联合国大会。1980年4月17日，中国恢复在国际货币基金组织的代表权；5月15日，中国恢复在世界银行的代表权。新时代以来，以习近平同志为核心的党中央推动构建人类命运共同体，为解决人类重大问题，建设持久和平、普遍安全、共同繁荣、开放包容、清洁美丽的世界贡献了中国智慧、中国方案、中国力量。可以说，一百多年来，中国共产党领导中国人民成功走出中国式现代化道路，创造了人类文明新形态，拓展了发展中国家走向现代化的途径，给世界上那些既希望加快发展又希望保持自身独立性的国家和民族提供了全新选择，成为推动人类发展进步的重要力量。

（四）中国共产党的执政特质：独立自主

唯物史观揭示，人类社会的运动既是受客观规律支配的历史必然性的运动，又是历史活动的主体追求一定目的的能动性活动，这两个方面是相互制约的。一方面，历史运动的规律不能自发实现，它要通过历史活动主体的实践追求来实现；另一方面，历史活动主体的实践追求又要受社会发展规律的制约，如果违背客观规律，目的就不可能实现。我们党从建立之日起，就坚持在马克思主义指导下，立足于独立自主，矢志不渝去认识、把握和运用中国革命、建设、改革的客观规律，实现一般性与特殊性的统一。立足于坚持独立自主，在新民主主义革命时期，党领导人民从中国实际出发走出了一条农村包围城市的革命道路。经过28年浴血奋战，党领导人民推翻三座大山，成立人民当家作主的新中国，完成了民族独立、人民解放的历史任务，为实现中华民族伟大复兴创造了根本社会条件。社会主义革命和建设时期，党坚持独立自主搞建设，建立起比较完整的工业体系和国民经济体系。社会主义现代化建设新时期，党中央作出实行改革开放的重大决策，确定建立社会主义市场经济体制。新时代，中国共产党掌握历史主动，勇于开拓创新，走出了一条中国式现代化新道路，创造了人类文明新形态。

人类文明新形态作为新时代中国共产党坚持独立自主探索的文明成果，是在把握人类文明演进规律及其时代和实践经验基础上的理论创造，是立足于中国式现代化实践探索和吸收借鉴中华优秀传统文化的理论结晶，彰显了中国文明的主体性。实践证明，照搬他国模式、走依附式发展道路要么失败，要么就会沦为别人的附庸。只有在坚持独立自主基础上的发展壮大才能把话语权和发展的主动权牢牢掌握在自己手中，才能取得社会主义现代化建设的最终胜利，社会主义事业也才能行稳致远。

二、深化了对社会主义建设规律的认识

人类文明新形态的创造历程与社会主义建设历程既有区别又有联系。从联系上看，人类文明新形态的创造历程与中国式现代化的发展历程紧密相连，二者在价值立场、发展方向和发展目标等方面具有契合性。从区别来看，创造人类文明新形态

是中国式现代化推进中的重大成就之一，二者所涉及的内容各
有侧重。实践中的每一次探索和前进，都推动文明事业更进一
步。突出的是，人类文明新形态，从社会主义建设内容的视角
来看，推进"五大文明"全面发展揭示了社会主义经济、政治、
文化、社会、生态全面配套系统建设的规律。

（一）物质文明展现了人类社会的发展基础

2021年7月1日，习近平总书记在天安门城楼庄严宣告，我
们全面建成了小康社会，历史性地解决了绝对贫困问题，标志
着百年大党带领人民完成千年夙愿，这是人类进步史上的奇迹。
中国共产党非常重视经济建设，中华人民共和国成立后，在中
国共产党的坚强领导下，中国人民创造了经济快速发展的奇迹，
人民生活实现了由解决温饱到总体小康、再到全面小康的历史
性跨越。党的十八大以来，以习近平同志为核心的党中央把握
社会主义经济发展规律，面对经济由高速增长向高质量发展的
转变，坚持稳中求进工作总基调，深化供给侧结构性改革，建
设现代化经济体系，提高实体经济的创造力，将实现高质量发
展作为中国式现代化的本质要求。全面贯彻新发展理念，正确
处理发展动力、发展模式、发展不平衡、发展中人与自然的关
系、发展的内外联动、发展的公平正义、发展与安全等一系列

问题，推动发展的平衡性、协调性、可持续性明显增强。科技原始创新能力大幅提升，基础研究投入快速增长，取得一批以量子通信、铁基超导、干细胞为代表的重大原创性科技成果。科技战略前沿突破能力大幅跃升，"嫦娥揽月""北斗组网""天问探火""蛟龙入海"以及003航母"福建舰"成功下水等一系列重大创新成果相继涌现，全球创新指数排名大幅上升。这表明我国经济发展平衡性、协调性、可持续性明显增强，迈上更高质量、更有效率、更加公平、更可持续、更为安全的发展之路。

马克思指出："物质生活的生产方式制约着整个社会生活、政治生活和精神生活的过程。不是人们的意识决定人们的存在，相反，是人们的社会存在决定人们的意识。"[①]这一段话深刻地概述了唯物史观的基本思想，是我们考察人类社会历史及其发展规律的重要理论依据。生产力是社会发展的最终决定力量，新时代新征程仍要继续坚持以经济建设为中心，加快经济现代化建设步伐，巩固物质文明的基础地位，在推进经济建设系列实践中继续深化对社会主义经济建设规律的认识，展现了人类社会发展物质基础的重大价值。

---

① 《马克思恩格斯文集》(第二卷)，人民出版社2009年版，第591页。

（二）政治文明展现了人类社会的进步状态

中国政治文明的鲜明特质是"民主"。近代以来，深受三座大山压迫的中国人民，被西方帝国主义列强污辱为"东亚病夫"。中国共产党团结带领中国人民，推翻了三座大山，建立了人民当家作主的中华人民共和国，中国实现了从几千年封建专制政治向人民民主的伟大飞跃，中国人民从此把命运牢牢掌握在自己手中。

人民当家作主，成为国家的主人。中华人民共和国成立后，党和政府通过健全人民当家作主制度体系，保障人民权益，激发人民创造。1954年，第一届全国人民代表大会第一次会议通过的《中华人民共和国宪法》，确立了中国的根本政治制度——人民代表大会制度，这是中国人民在人类政治制度史的伟大创造。按照普遍、平等、直接选举和间接选举相结合的原则，确保人人享有平等选举权和被选举权。始终坚持党的领导、人民当家作主、依法治国有机统一，积极发展全过程人民民主，将民主选举、民主协商、民主决策、民主管理、民主监督各个环节彼此贯通起来。全过程人民民主是社会主义政治文明的典范，是社会主义民主政治的本质属性，深化了对民主政治发展规律、社会主义政治文明建设规律的认识。根据国情不断完善选举制度，逐步实现城乡按相同人口比例选举人大代表；社会主义协商民主广泛多层制度化发展；人民有投票权和广泛参与权、有畅通利益表达的渠道，国家决策科学民主、权力受到人民的制约和监督，是最广泛、最真实、最管用的民主。

人民积极参与社会治理，成为社会的主人。在中国共产党领导下，全国广大城乡居民依照法律规定，选举产生村民委员会、居民委员会。各级各类企事业单位职工根据法律规定自愿组织工会，通过职工代表大会或其他形式，组织和教育职工依照宪法规定和法律规定行使民主权利。社会组织管理制度不断完善，社会治理人人参与、人人尽责的局面已经形成。

中国特色社会主义政治文明与当前西方民主危机和治理困境形成鲜明对比，展现出蓬勃生机和光明前景。

（三）精神文明展现了人类社会的精神风貌

中国共产党人一直有"建设高度的社会主义精神文明"的自觉追求，并将其视为社会主义现代化的重要目标。中国共产党在传承和发扬中华优秀传统文化的基础上，先后形成革命文化、社会主义先进文化，用文化的力量振奋民族精神、凝聚民族力量。

党的十八大以来，习近平总书记亲自谋划推动，接连在全国宣传思想工作会议和文艺工作、党的新闻舆论工作、网络安全和信息化工作、哲学社会科学工作座谈会以及全国高校思想政治工作会议上发表重要讲话，就意识形态领域一系列根本性问题阐明原则立场，廓清了理论是非，校正了工作导向，带领全党立破并举、激浊扬清、正本清源，打赢了意识形态领域的重大政治斗争、推动中华优秀传统文化的创造性转化和创新性发展、倡导全人类共同价值并加快国际传播、完善公共文化服务体系，向全体人民提供优质文化资源。党大力培育时代新人，特别注重发挥榜样引领作用，为英雄模范颁授党和国家功勋荣誉称号，评选表彰一大批道德模范、时代楷模和最美人物，电影《我和我的祖国》《长津湖》和电视剧《觉醒年代》《山海情》等主旋律作品成为观众首选，全党全国各族人民文化自信明显增强，全社会凝聚力和向心力极大提升，中华民族的伟大复兴是"物质文明和精神文明比翼双飞的发展过程"。

历史经验表明，只抓物质文明而忽视精神文明建设，就会滋生拜金主义、享乐主义等错误思潮，也会产生理想信念动摇等问题，扰乱社会舆论环境。新时代面临社会结构深刻变动，价值取向多元凸显，个人主义、功利主义兴起等新问题，更需要向世界展现中国特色的精神文明新形态。

（四）社会文明呈现社会向上的整体风貌

提高社会文明程度是社会主义文化强国建设的重要任务。中华人民共和国缔造以来，我们党在收入分配、就业、教育、社会保障、医疗卫生、住房保障等方面推出一系列重大举措，人民群众获得感、幸福感、安全感显著提升。党的十八大以来，中国共产党坚决打赢脱贫攻坚战，创造了人类减贫史上的奇迹，形成了伟大的脱贫攻坚精神。面对突如其来的新冠肺炎疫情，党中央领导全党全国各族人民打响了一场气壮山河的抗击疫情人民战争、总体战、阻击战，举全国之力实施规模空前的生命大救援，坚持统筹疫情防控和经济社会发展，最大限度保护人民生命安全和身体健康，取得疫情防控阻击战重大战略成果。坚持社会公平正义，使得社会建设全面加强，社会治理水平大幅提升，社会文明程度进一步提高，续写了社会长期稳定的奇迹。

党的二十大报告对新阶段特别是未来五年的发展进行了战略部署，在社会文明建设领域确立了提高全社会文明程度的目标，主要包括：实施公民道德建设工程，提高人民道德水准和文明素养，培育时代新风新貌，完善志愿服务制度和工作体系等。这深刻回答了新时代"建设什么样的社会文明，怎样建设社会文明"的问题。但我们也应该清醒地认识到，社会文明的提升是一项系统且复杂的工程，必须持之以恒推进社会文明建设，不断深化对社会建设规律的认识。

（五）生态文明建设是推进人与自然和谐共生的应有之义

生态环境关系人何以生存以及人类社会永续发展的问题，推进生态文明建设是推进人与自然和谐共生的题中应有之义，是建设美丽中国的必然要求。

中华人民共和国成立70多年来，全民树立生态意识，生态环境得到根本改善，国家完成从工业文明到生态文明的跨越。特别是党的十八大以来，以习近平同志为核心的党中央坚持绿水青山就是金山银山理念，花大力气抓生态文明建设，下定决心补生态文明建设短板，协调经济发展与生态保护的关系，加快生态文明体制改革，深入实施可持续发展战略，持续改善环境质量，构建生态文明体系，形成了习近平生态文明思想。其中"生命共同体论""两山论""绿色发展论""美丽强国论""系统治理观"等是原创性贡献，是我党对社会主义生态建设规律的系统总结，回答了"建设什么样的生态文明，怎样建设生态文明"的问题，带来了发展观的深刻革命，极大地推动了生态文明建设进程。

习近平生态文明思想坚持人民至上、坚持人与自然和谐共生、坚持山水林田湖草沙系统治理等原则，从全球整体性和人类永续发展共谋全球生态文明建设，努力让生态文明成果惠及全人类，代表着人类发展的新方向，是合规律性与合目的性的统一，是科学性与人民性的统一，大大提升了人民的获得感、幸福感、安全感。

面向未来，新时代新征程继续推进生态文明建设，要坚持以习近平生态文明思想为指导，完善环境保护立法，构建多元共治的治理格局，积极推动地球生命共同体建设，为全球生态治理贡献中国方案，在实践中不断深化对社会主义生态建设规律的认识。

"五大文明"体现了社会主义建设的全面性，为揭示社会主义建设规律提供了一个鲜活样本。社会主义初级阶段的基本国情决定了推进社会主义建设是一个长期的过程，探索和深化对社会主义建设规律的认识也必将经历漫长阶段。前进性是社会历史发展的总趋势，人类永远不会停止自己前进的步伐，然而这一总趋势的实现却不是一帆风顺的，而是充满着坎坷与曲折。要深刻认识社会主义发展是前进性与曲折性的辩证统一，既要坚信社会主义社会是不断发展的进程，任何时候都不能失去开拓前进的信心和勇气，同时又要高度重视和认真对待前进中的曲折，在应对挑战和矛盾中推动社会发展。

三、深化了对中国特色社会主义建设规律的认识

这一规律性认识主要包括，坚持中国共产党全面领导是领导性规律；坚持中国特色社会主义制度是制度性规律；坚持中国式现代化是现代化发展规律。

（一）领导性规律：坚持中国共产党全面领导

中国共产党从新民主主义革命、社会主义革命和建设到中国特色社会主义建设，始终保持执政为民、执政为公的政治本色，始终保持自我革命的精神品格，具有思想、组织、制度、行动的先进性。历史和人民选择了中国共产党的领导，而中国共产党以其非凡勇气和智慧出色承担起领导重任。坚持党的领导，是党和国家的根本所在、命脉所在，是全国各族人民的利益所系、命运所系。

坚持中国共产党全面领导是坚持中国特色社会主义的总前提。我们已站在新的历史起点，开启了新的奋斗征程，党带领全国各族人民实现中华民族伟大复兴，不知还要克服多少艰难险阻。在这样的历史背景下，完成光荣艰巨的历史使命，战胜前进道路上的风险挑战，必须坚持和加强党对一切工作的领导。

（二）制度性规律：坚持中国特色社会主义制度

中国特色社会主义制度，是走出中国式现代化道路的方向稳定器。中国式现代化道路奠基于社会主义方向的制度体系和运行机制，这一制度体现在经济、政治、文化、社会、生态文明各个方面。例如，人民代表大会制度的根本政治制度，中国共产党领导的多党合作和政治协商制度、民族区域自治制度以及基层群众自治制度等基本政治制度，中国特色社会主义法律体系；公有制为主体、多种所有制经济共同发展的基本经济制度；等等。

这一制度符合我国国情，既坚持了社会主义的根本性质，反对意识形态多元化，反对多党轮流执政，反对西方议会倡导的"三权分立"制，反对资本主义现代化的社会两极分化现象，反对新自由主义叫嚣的以市场化、自由化、私有化主宰一切的思想，又借鉴了古今中外制度建设的有益成果，集中体现了中国特色社会主义的特点和优势。

这一制度使我国的民主法治建设迈出了重大步伐，国家治理体系和治理能力现代化水平明显提高，全社会发展活力和创新活力明显增强，其优越性得到充分彰显。同时应该看到，中国特色社会主义制度是特色鲜明、富有效率的，但还不是尽善尽美、成熟定型的。中国特色社会主义事业不断发展，中国特色社会主义制度还需要不断完善，要坚持从实际出发，及时制定一些新的制度，构建系统完备、科学规范、运行有效的制度体系，使各方面制度更加成熟、更加定型，为夺取新时代中国特色社会主义伟大胜利提供更加有效的制度保障。

（三）现代化发展规律：中国式现代化

马克思主义认为，普遍性和特殊性相统一，统一于具体事物之中，普遍性存在于特殊性之中，特殊性寓含普遍性。中国式现代化"既有各国现代化的共同特征，更有基于自己国情的中国特色"。中国式现代化的本质要求蕴含的规律体系，必然是各国共同特征和中国特色的统一。

党的二十大报告对中国式现代化的中国特色、本质要求、重大原则等作出全面深入阐述，描绘了中国式现代化理论的主要框架，是对中国特色社会主义建设规律体系最为集中的提炼概括，为实现新时代新征程党的中心任务提供了规律依据和理论指导。中国式现代化的中国特色，是人口规模巨大的现代化、全体人民共同富裕的现代化、物质文明和精神文明相协调的现代化、人与自然和谐共生的现代化、走和平发展道路的现代化。这是中国特色社会主义建设规律的实践基础，体现中国特色社会主义建设规律的内涵特征；中国式现代化的本质要求是，坚持中国共产党领导，坚持中国特色社会主义，实现高质量发展，发展全过程人民民主，丰富人民精神世界，实现全体人民共同富裕，促进人与自然和谐共生，推动构建人类命运共同体，创造人类文明新形态。这是中国特色社会主义建设规律体系的核心内容，显示了中国特色社会主义建设规律的主旨要义；中国式现代化的重大原则是，坚持和加强党的全面领导、坚持中国特色社会主义道路、坚持以人民为中心的发展思想、坚持深化改革开放、坚持发扬斗争精神。这是中国特色社会主义建设规律体系的重要内容，反映了中国特色社会主义建设规律的实践要求。

世界力量转移背景下的中国式现代化出场是一个影响世界历史的重大事件，它标志着人类通达现代化的道路由"单选题"变成了"多选题"，以一种全新示范阐明了世界现代化道路的开放性和多元化，为后发国家走向现代化贡献出"中国样本"。

四、深化了对人类社会发展规律的认识

生产力与生产关系矛盾运动的规律、经济基础与上层建筑矛盾运动的规律，是人类社会发展的基本规律。人类社会的发展是

逐步摆脱野蛮状态走向文明的过程。中国式现代化展现的人类文明新形态，是中华文明的当代形态，也是世界文明的崭新形态，重塑了人类文明新格局，引领着人类文明进步的发展方向。

（一）深化了对人类社会发展道路的认识

人类通过实践活动在不断改造世界过程中推动社会发展和进步。社会进步作为对社会前进发展的总概括，主要表现在两个方面：一是社会形态从低级到高级的发展。一定的社会形态总要以一定的社会制度形式呈现出来，社会制度能够集中体现社会形态的性质，所以人们在日常生活中往往用社会制度来指代社会形态。按照马克思主义的观点，人类社会的演进经历了原始社会等五大社会形态，共产主义代表着未来社会形态，每一次新旧社会形态的更替，都极大地解放和发展了生产力，促进了社会进步。二是同一社会形态内部的发展。社会形态是关于社会运动的具体形式、发展阶段和不同质态的范畴，是同生产力发展一定阶段相适应的经济基础与上层建筑的统一体。特定社会形态都有其相对稳定性，也都有其自身发展的过程，并可以通过内部改革促进自身的发展。

由于生产力发展水平、历史文化传统、社会制度等的差异，处于同一社会形态的不同国家和民族可选择的发展道路也是多样的，比如，资本主义社会形态，有丹麦的福利社会主义模式，白俄罗斯的市场社会主义模式，等等；社会主义社会形态，有中国特色社会主义模式，以及古巴、越南、老挝等社会主义国家在发展道路上采取的不同的发展模式。

值得注意的是，社会形态的更替既遵循一般规律，又具有一些特殊形式。中国的社会形态更替就是没有遵循一般规律，而是越过了资本主义发展阶段，经由新民主主义社会进入社会主义社会。在此基础上形成的中国特色社会主义发展道路，推进人类社会发展道路向着多样化而非单一化、和平发展而非殖民霸权、独立发展而非依附发展的方向前进。历史和现实证明，世界上没有一种普遍适用的发展模式，各国都要坚决反对霸权主义，走出自己的路。

（二）深化了对人类文明发展规律的认识

习近平总书记指出："人类文明多样性是世界的基本特征，也是人类进步的源泉。世界上有200多个国家和地区、2500多个民族、多种宗教。不同历史和国情，不同民族和习俗，孕育了不同文明，使世界更加丰富多彩。"[1]文明是人类创造的所有物

---

① 《习近平谈治国理政》（第二卷），外文出版社2017年版，第543—544页。

质成果、精神成果和制度成果的总和，是标志社会进步程度的范畴，反映了人类社会实践活动的积极成果。社会形态的更替，从一定意义上说也是文明形态的更替。

人类历史中的文明，不论是古代文明，还是近现代文明，不同民族都有不同的表现；按照地域划分，人类文明可以分为中华文明、欧洲文明、伊斯兰文明、印度文明等；按照社会形态划分，人类文明可以分为封建制文明、资本主义文明、社会主义文明等。每一种文明都是在特定的自然环境、历史背景、民族传统中生长起来的，代表着一方文化的沃土和绿洲，都是人类文明的重要组成部分，共同为人类社会发展进步作出了重要贡献，积蓄了厚重底蕴。

马克思主义经典作家揭示了人类文明发展进步的一般规律，认为人类社会发展的过程也是人类文明发展进步的过程。当文明一开始的时候，生产就开始建立在级别、等级和阶级的对抗上，最后建立在积累的劳动和直接的劳动的对抗上。没有对抗就没有进步。这是文明直到今天所遵循的规律。

人类文明新形态是文明交流互鉴的产物，面对"人类向何处去"等一系列全人类面临的共同难题，中国特色社会主义创造了人类文明新形态。这一文明新形态传承了中华文明基因并吸纳了世界文明的有益成果，具有新的文明性质和特征，丰富了世界文明多样性，拓展了人类文明发展空间，促进了不同文明交流互鉴，推动了人类文明进步，深化了对人类文明发展规律的认识。

（三）深化了对人类社会发展趋势的认识

历史是人民群众创造的，人民群众是社会形态变革的决定力量。人民群众对于社会形态的历史选择，也正是在遵循社会发展客观规律的基础上，通过参与社会变革实现的。因此，历史的发展、社会形态更替的规律，归根结底会通过人民的意志和人民的选择表现出来。中国特色社会主义道路，是中国社会历史发展的必然，也是中国人民的自觉选择。中国人民选择这一道路创造的人类文明新形态将实现人与人、人与自然的和谐共生作为价值目标，推动人类社会向前迈进了一大步，为解决人的生存危机、交往危机，社会的发展危机、生态危机等问题提供更多选择，是人类社会实现可持续发展的必由之路，也是人类前进道路中的必然选择。

人的发展程度构成了社会进步的重要标志。社会的每一重大进步，对人来说都具有某种解放的意义，是人类走向彻底解放的必要阶梯。相对于传统文明、资本主义文明而言，人类文明新形态是世界历史的阶段性呈现，在世界力量发生东升西降的背景下不断证明资本主义必然灭亡、社会主义必然胜利的预言，呈现文明进步与人的解放同向同行的新文明样态，代表着世界历史的进步方向，具有强大的生命力。

马克思主义致力于探寻人类社会的奥秘，揭示人类历史的规律，指明人类前进的方向，它的基本结论和方法中所蕴含的历史洞见和历史智慧，所展现的真理魅力和真理光芒，对于人类走向未来具有重要的启示和引领价值。当今时代，量子信息技术发展突飞猛进，给人们传统的物质观念带来很大冲击。在经典物理学中，微观粒子是彼此分立的，既有质量和体积，也有时空定位，其运动有轨迹可循。然而"量子"概念的确立，意味着微观粒子的运动不再像宏观物体运动那样有确定的轨迹，其运行具有概率性质，其能量释放和传播是不连续的。曾经相互作用过的两个粒子，不管分离之后相距多远，始终会神秘地联系在一起，其中一方发生变化，就会立即引发另一方产生相应的变化（这种现象被称为"量子纠缠"，且这种纠缠可以被调控）。这对传统的"物质无限可分"观念提出了新的挑战。量子力学的发展表明，在微观领域内不能像经典物理学那样理解"实在"，不能离开人的存在和观测的影响而抽象地谈论微观世界的"实在"。但是，量子的特性并没有否定物质的客观实在性，量子纠缠也不是一种精神现象。微观粒子仍然是一种真实的"客观实在"，而量子力学只是揭示了它以什么方式"真实存在"，体现的是一种技术文明。我们要用马克思主义观察时代、把握时代、引领时代，把人类文明新形态和人类进步事业不断推向前进。

结语：人类文明新形态具有规律性认识总体性特点，这是人类文明新形态的发展趋向性问题。一方面，尊重客观规律是正确发挥主观能动性的前提。人创造历史，不是随心所欲地创造。只有遵循历史的规律和进程，把握时代的脉搏和契机，人才能真正成为历史的主人。另一方面，只有充分发挥主观能动性，才能正确认识和利用客观规律。因此，尊重事物发展的客观规律性与发挥人的主观能动性是辩证统一的，实践是客观规律性与主观能动性统一的基础。人类文明新形态，是在中国式现代化与马克思主义中国化时代化相统一的历史性进程中内生的文明形态，是21世纪马克思主义的重要范畴，深刻回答了中国共产党建设、社会主义建设、中国特色社会主义建设、人类社会发展的系列规律性问题，并实现了认识上的跃升。当今世界正处于百年未有之大变局的十字路口，全球局势复杂多变，不稳定因素增加。要在变动中谋求更大发展，关键是要提高对规律的认识，善于运用规律来处理问题。科学认识与深刻总结这一系列规律，发展人类文明新形态，为当今世界在不确定性中寻找确定性、超越非正义走向正义提供历史启示、贡献中国力量。

第六章 •

创造人类文明新形态的全球意义

>>>>>

　　人们认识世界、改造世界，不仅是为了把握规律、掌握真理，而且是为了追求意义、创造价值。毛泽东指出："马克思主义的哲学认为十分重要的问题，不在于懂得了客观世界的规律性，因而能够解释世界，而在于拿了这种对于客观规律性的认识去能动地改造世界。"[1]党的十九届六中全会指出，人类文明新形态的创造"拓展了发展中国家走向现代化的途径，给世界上那些既希望加快发展又希望保持自身独立性的国家和民族提供了全新选择"[2]。这一重要论断将建党一百年来的历史经验与发展成果上升到世界文明的层面，既突出中国特色社会主义的特征，也着重强调这不单单是某个民族、国家的具体社会发展状况，更是成为人类追求文明进步的一条新路。人类文明新形态的最本质特征是中国特色社会主义制度，其实现方式是中国共产党带领中国人民走出的中国式现代化道路，其内生要求是人类命运共同体方案，其前进方向是共产主义社会。因此，全面理解人类文明新形态的

　　① 《毛泽东选集》（第一卷），人民出版社1991年版，第292页。
　　② 《中共中央关于党的百年奋斗重大成就和历史经验的决议》，《人民日报》，2021年11月17日。

世界性意义，要结合其原创性和引领性相结合的话语体系、先进性和科学性相结合的内涵要求、民族性和世界性相结合的道路模式、多样性和统一性相结合的基本特征加以理解。

一、原创性和引领性相结合：
文明话语权提升我国国际地位

文脉与国运相连，与民族复兴大业紧密相关。实现复兴中华民族的中国梦，不是要重回历史上的辉煌，而是要站在曾经辉煌的道路上，不断地向前方走去。人类文明新形态的创造为中华民族伟大复兴厚植了文明话语底色。

中华文明具有五千年的发展史，是古代四大文明形态之一，也是至今唯一没有中断过的文明。这主要在于中华文明有自己独特的优势，具有崇仁爱、重民本、守诚信、讲辩证、尚和合、求大同等思想品质，具有自强不息、敬业乐群、扶正扬善、扶危济困、见义勇为、孝老爱亲等传统美德，这些品质和美德符合人类文明进步的方向，"对中华文明形成并延续发展几千年而从未中断……都发挥了十分重要的作用"①。

---

① 习近平：《在纪念孔子诞辰2565周年国际学术研讨会暨国际儒学联合会第五届会员大会开幕会上的讲话》，《人民日报》，2014年9月25日。

　　中国共产党成立以来，高度重视中华文明在经济社会发展中的重大作用，自觉承担起推动中华文明传承领导者和实践者的历史责任，使中华文明成为中国特色社会主义形成发展的人文根基，原创性地提出了中国特色社会主义文明形态——人类文明新形态，这是以人民为中心、促进人的全面发展的文明形态，也是独立发展、协调发展、和平发展的文明形态，既继承了中华优秀传统文化的精华，又借鉴了人类优秀文明成果，遵循了人类文明发展的一般规律，是原创性和引领性相结合的文明成果。

　　人类文明新形态是在中国处于并将长期处于社会主义初级阶段这一国情中形成的。因此，这一文明形态是在历史发展与演进过程中的阶段性文明成果，是一种渐进性的、不断趋于完善的文明形态，距离实现马克思毕生向往的共产主义文明形态还"将经历一个极其艰难而漫长的过程"[①]。

　　语言作为文明形态的内在要素，也是人们社会交往得以进行的中介。正是依靠这些中介系统，实践的主体和客体才能够相互作用。在社会学中，话语权是指能够让一个群体或个人在社会上发声，引起关注和引领社会舆论的权力。具有话语权的人或群体可以通过话语来塑造社会舆论、影响公共政策和社会

---

① 《马克思恩格斯文集》（第一卷），人民出版社2009年版，第232页。

行为。话语权通常由权力、地位和资源决定。随着世界的变迁，话语权一直是由强权所掌控。自中华人民共和国成立以来，美国从不放弃霸权，从不放弃颠覆我国的社会制度。美国从政治、军事、经济、外交、主权、社会制度、金融、贸易、高科技产品及企业、人权、产品出口等方面对我国进行全方位的无情打压，无所不用其极，到处造谣、抹黑我国。我们用事实回击、戳穿谎言，并逐步构建自己的话语体系，打破西方话语霸权。

　　"先进的思想文化一旦被群众掌握，就会转化为强大的物质力量；反之，落后的、错误的观念如果不破除，就会成为社会发展进步的桎梏。"① 从中华人民共和国的成立，特别是党的十八大以来，中国共产党人用事实回击，戳穿谎言，并逐步构建自己的话语体系，打破西方话语霸权。通过实施马克思主义理论研究和建设工程，不断深化对党的基本理论、基本路线、基本方略的研究，深化对中国特色社会主义道路、理论、制度、文化的研究，为理论创新提供学理支撑；通过坚持用中国理论阐释中国实践，用中国实践发展中国理论，不断增强理论解释力、话语说服力、实践推动力；通过加快构建中国特色哲学社会科学，繁荣发展中国学术理论，努力建设以马克思主义为指导的学科体系、学术体系、话语体系；通过推动马克思主义中国化

---

　　① 《十九大以来重要文献选编》（上），中央文献出版社2019年版，第430页。

时代化最新成果进教材、进课堂、进头脑，使科学理论全面融入教育教学之中，完善了人类文明新形态话语体系建设，发展了具有中国特色、中国风格、中国气派等创造性的文明新形态新内涵，以原创性和引领性的文明话语体系逐步摆脱了近代以来"有理说不出，说了没人听，听了没人信"的国家话语刻板形象，打破了西方资本主义话语霸权，扩大了国际影响力，提升了民族凝聚力，引领中国人民走向伟大复兴，引领人类文明进步的正确方向。

从这个意义上说，中国共产党作为马克思主义执政党，创造人类文明新形态，既遥相呼应了实现1848年马克思、恩格斯撰写的《共产党宣言》中的理想信念，又关切回应了中华民族历史深处实现伟大复兴的渴望，更深切响应了正在世界上高高漫卷的中国特色社会主义伟大事业，这也正如习近平总书记所说，这是"理想所寄，使命所使，事业所需"。

二、先进性和科学性相结合：
文明新内涵破解全球"四大赤字"

马克思说，人在劳动过程结束时得到的结果，在这个过程开始时就已经在劳动者的表象中存在着，即已经观念地存在着。人的整个实践过程，就是围绕意识活动所构建的目标和蓝图来进行的。中国共产党人在认识客观世界、尊重客观规律的同时，总是根据一定的目的和要求去确定反映什么、不反映什么，以及怎样反映，从而表现出主体的选择性。也正如列宁所说："世界不会满足人，人决心以自己的行动来改变世界。"①改变世界或创造世界不仅意味着强化客观世界的变化过程，而且意味着创造出世界上原来所没有的东西，即没有人的参与永远也不可能出现的东西。

人类文明新形态是中国共产党坚持"走自己的路"不断推进马克思主义中国化时代化而创造出的伟大文明成果，是科学社会主义扎根中国大地结出的文明硕果。人类文明新形态不仅使科学社会主义的科学性和真理性在社会主义中国得到充分检验，同时以其先进性极大丰富了科学社会主义的理论内涵，且内含着我们在世界上继续取得新辉煌的"时代密码"，为不断变化的时代和实践活动提供指导。

随着全球生产力的发展，特别是新一轮科技革命和产业变革的蓄势待发，个人的普遍交往和相互依存的程度越来越高，全人类的整体利益得以持续扩大与提高，不同民族和国家的相互依存和共同利益越来越广泛。当前，中国正处于由大国向强国跨越、实现中华民族伟大复兴的关键阶段，世界

---

① 《列宁全集》（第五十五卷），人民出版社2017年版，第183页。

也正处于百年未有之大变局的重大调整重塑期。具体表现在大国竞争激化和全球治理赤字，其实质则是以资本主义为主导的西方国际体系逐渐失序，全球政治经济格局及其背后的思想理论体系都处于重塑期中，西方国家在世界范围内推行的霸权，已成为全球和平、发展、信任、治理等赤字的根源。中国作为国际变局中的重要变量，在错综复杂的国际环境中始终高举和平、发展、合作、共赢的旗帜，在应对全球性挑战、破解全球"四大赤字"上发挥着建设性作用。

面对"和平赤字"，坚持走和平道路。中华文明历来主张天下大同、协和万邦，在世界上的影响力与日俱增，成为文明多样化发展中不容忽视的重要力量。中国"维护世界和平、促进共同发展"的外交宗旨，树立"互信、互利、平等、协作"的新安全观等外交原则，注定了中国式现代化道路正在走和平道路，成为消解"和平赤字"维护世界和平的重要力量。

面对"发展赤字"，中国将发展置于全球宏观政策框架的突出位置，提出构建全球发展共同体。中国努力促进国际宏观政策协调，兼顾各方利益，寻找彼此间合作契合点，打造互利共赢的合作模式。推动高质量共建"一带一路"，对接沿线国家发展战略，坚持普惠包容，促进全球平衡协调发展。坚持以人民为中心，实现各国人民的全面发展。坚持创新驱动，坚持人与自然和谐共生，推进全球可持续发展。加快全球发展倡议落地，加大国际减贫合作投入，积极推动国际农业合作和国际粮农治理，在抗击新冠肺炎疫情期间携手各国共克时艰，积极支援其他国家，提供抗疫物资，派遣医疗专家组，实现健康协同发展。

面对"治理赤字"，中国倡导世界各国共同构建平等相待、互商互谅的伙伴关系。主动参与不同层面的全球治理，不断推进国际关系的转变与完善，促进全球经济的开放与发展，参与全球生态的治理与完善。营造公道正义、共建共享的安全格局；谋求开放创新、包容互惠的发展前景；促进和而不同、兼收并蓄的文明交流；构筑尊崇自然、绿色发展的生态体系，努力构建"持久和平、普遍安全、共同繁荣、开放包容、清洁美丽"的人类命运共同体。从实践上看，"一带一路"开启了共商共建共治共享的发展之路，"G20峰会""金砖会议"、上海合作组织等合作机制成为破解全球治理赤字的新钥匙。

面对"信任赤字"，中国传承发展古代中国己所不欲，勿施于人的交往理念。一是坚持互相尊重。尊重是交往的前提，也是建立互相信任的基础。互相尊重是破解"信任赤字"，促进互利互信的基本要求。二是做到诚实守信。在国际交往中秉持诚信原则，以政治互信为基础推进国际合作，促进合作共赢，坚持做到以诚相待，信守承诺，赢得信任。三是强化沟通交流。交流是理解的基础，沟通是信任的桥梁，增进信任必须加强彼此沟通理解。世界上有200多个国家和地区，每个国家不同的历史背景下孕育出不同的历史、文化、风俗和文明。如何做到相互理解、相互信任，关键在于在求同存异、和而不同的基础上加强沟通交流和对话。四是恪守公平正义。在国际交往中要坚持国家无论大小、强弱、贫富一律平等，坚持以公平正义的原则处理国家间的分歧，在国际舞台上各国享有同等的权利、履行相应的义务。

人类文明新形态破解"四大赤字"，"和""合"是关键。在《之江新语》中，习近平曾指出："和"指的是和谐、和平、中和等，"合"指的是汇合、融合、联合等。习近平总书记已多次向世界庄严承诺，中国开放的大门不会关上，只会越开越大。我们有理由相信，未来中国，将以更加开放的姿态拥抱世界、以先进性和科学性为人类的共同发展繁荣发挥建设性作用、以更有活力的文明新内涵破解全球不断出现的新赤字。

三、民族性和世界性相结合：
文明新道路为各国探索现代化提供新选择

不同于西方列强的"国强必霸"，人类文明新形态萌芽于中国选择马克思主义的历史进程，植根于中华优秀传统文化，成长于中国共产党开辟中国特色社会主义制度的伟大探索，贯穿于全球背景下文明发展的复杂机遇，是多重因素交织的结果，是在世界历史中起承上启下作用的过渡性文明形态，在民族性与世界性的有机统一中为各国探索现代化道路提供了新选择。

以民族性的视角而言，文明的发展方式与时代境域、自然环境内在相关，更与文化传统和民族性格本质相连。人类文明新形态的创造离不开中华文明的滋养，是科学社会主义同我国优秀传统文化相互融通的结果。在马克思主义传入中国之前，各个社会阶级、各种社会思潮为了挽救积贫积弱的旧中国进行各种尝试，但均以失败告终。在马克思主义的指导下，中国共产党所秉承的共产主义远大理想同中华优秀传统文化水乳交融，在中华大地上孕育出人类文明新形态重大成果。中华文明历来推崇和平共处、和衷共济的"和"文化，这界定了蕴含和平基因与和平诉求的人类文明新形态，是以和睦相处、合作共赢等方式创造并引领世界和平发展的新形态文明。中国的发展道路是独立自主的和平发展道路，尊重他国权益，坚决以和平共处五项原则作为处理国际关系的基本准则，维护国际公平正义，破除国强必霸的西式逻辑，超越"修昔底德陷阱"的话语限定，积极为世界发展贡献中国力量。人类文明新形态的发展轨迹基于中国国情，这启示各民族在世界发展中要努力寻求自我突破与超越。

从世界性的视角而言，马克思主义是人类文明新形态的根本理论指导，人类文明新形态作为社会主义性质的文明形态，是不同于并超越资本主义的文明形态。中国共产党始终践行合作共赢的发展道路，推动构建新型国际关系，带动实现总体稳定、均衡发展的大国关系，按照"与邻为善、以邻为伴"的外交工作方针发展周边国家关系。中国的发展道路有力回击了"西方现代化是进行现代化发展唯一道路"的谬论。我们所创造的人类文明新形态是全领域、多方位的社会主义新形态，我们所坚持的和平发展、合作共赢的发展模式，为其他各国在国际格局重新建构的时代背景下提供模式参考。这势必会突破世界旧格局狭隘的、地域的限制及不平衡"主""从"关系的钳制，上升到人类文明的一般范畴中并被赋予世界意义，为其他国家的发展思路提供全新视角和全新选择。

任何现实存在的事物的矛盾都是共性和个性的有机统一，共性寓于个性之中，没有离开个性的共性，也没有离开共性的个性。人的认识的一般规律就是由认识个别上升到认识一般，再由认识一般到认识个别的辩证发展过程。人类文明新形态不仅历史性地解决了中国的绝对贫困问题，也为广大发展中国家迈入现代化道路贡献了中国智慧，给诸多渴求实现独立发展并跟上工业发展时代脚步的国家和民族提供了全新选择，并为其他各国在国际格局重新建构的时代背景下提供发展参考，彰显了中国智慧。

四、多样性和统一性相结合：
文明新特征推动世界文明新发展

多样性是统一性形成的物质基础和前提条件，统一性是多样性的必然要求。历史发展与文明进步的最终落脚点在于人的解放。马克思始终重视多元因素对于文明的塑造作用。尤其是在其晚年所作的《人类学笔记》《历史学笔记》中，详尽探讨了经济力量、政治模式、宗教观念、伦理道德、科学技术、文化艺术等因素在资本主义文明的形成过程中的实际影响。正是这些因素的相互作用、彼此影响，才生成了多样化的文明形态，并使之成为整个人类社会的基本特征，不断为人的解放创造条件，从而决定了文明的交流互鉴是开创人类文明新形态和推动人类社会进步的必由之路。历史上，古丝绸之路的开辟，使印度佛教文化等传入中国，给中国人的宗教信仰、文学艺术、哲学观念等带来深刻影响，同时，中国的四大发明、哲学思想、文学艺术、天文历法、文官制度等传入欧洲大陆，并被西方人借鉴，有力地推动了西方文明的现代化进程，曾在世界文明史上写下了光辉的一页。

对多样性的认识要从感性认识上升到理性认识，全球化、网络化和科学技术发展共同推动形成的多样性是多民族、多语言、多宗教、多阶层、多政党、多文化的交错现状，且在不断变化之中。但多样性不是碎片化，多样性就是差异，差异是矛盾，矛盾是动力。统一性就是有序性。统一性是多样性的融合体、黏合剂、压舱石，是轴心与灵魂。一百多年以来，在中国共产党领导下，人类文明新形态顺应生产力发展的客观要求，努力追求并致力实现"五个文明"的协调发展，努力打破并致力消除人类文明自资本主义文明以来的日益严重的"全球分裂"状态、"发达"与"不发达"相对立、"中心"与"边缘"相割裂的世界文明格局，探索出一条中国式现代化文明道路，缓和了人与自然、人与社会、人与自身的物质利益矛盾，国与国之间的矛盾，在现实的世界里逐步地有序地实现人的解放，以多样性和统一性的有机统一实现世界文明新发展。

结语：人类文明新形态具有世界意义总体性特点，这是人类文明新形态创造的价值启示性问题。列宁认为："从生动的直观到抽象的思维，并从抽象的思维到实践，这就是认识真理、认识客观实在的辩证途径。"①认识的本质是主体在实践基础上对客体的能动反映，这是辩证唯物主义认识论对认识本质的科学回答。人的认识过程是一个在实践基础上不断深化的发展过程，既表现为实践基础上由感性认识到理性认识，再从理性认识到

---

① 《列宁全集》（第五十五卷），人民出版社2017年版，第142页。

实践的具体认识过程，又表现为从实践到认识，再从认识到实践的循环往复和无限发展的总过程。从全球视野来看，人类文明新形态致力于人类共同价值目标的实现，将中华文明的价值追求向世界延伸，既符合新时代中国发展需要，也符合世界发展的总趋势与总要求；既体现中国人民的责任与担当，又凸显人类文明最广泛的价值共识，向世界各国贡献了中国智慧与中国方案，对人类命运共同体的构建具有价值引领作用。当然，这种建构，不是用时间性去消灭空间性的单一模式，它包容了不同文明之间具体生发的差异性和多样性，又引领了不同文明在世界历史中的整体统一性追求和发展趋向，真正践行了"和而不同""和谐统一"的中国模式，为推动世界文明多样性的进一步快速发展提供了中国智慧。当然，客观现实世界的运动变化永远不会完结，人们在实践中对于真理的认识也就永远没有完结。因此，要"不断认识规律，不断推进理论创新、实践创新、制度创新、文化创新以及其他各方面创新"，丰富和发展人类文明新形态。

第七章

大道而行：以人类文明新形态回答现实之问

　　运动、变化、发展是唯物辩证法的关键词，从运动中看到变化，从变化中看到发展，这是马克思主义辩证思想的深邃目光。毛泽东指出："人类的历史，就是一个不断地从必然王国向自由王国发展的历史……因此，人类总得不断地总结经验，有所发现，有所发明，有所创造，有所前进。"[①]人类文明新形态以"共同富裕""人民至上""人的全面发展""和谐正义""协调共生"的社会主义文明，实现了对"两极分化""资本至上""人的异化""冲突排斥""无限逐利"的资本主义文明的全面超越，代表人类文明进步的前进方向。人类文明新形态的创造不是"完成时"，而是"进行时"。党的二十大报告提出："中国式现代化的本质要求是：坚持中国共产党领导，坚持中国特色社会主义，实现高质量发展，发展全过程人民民主，丰富人民精神世界，实现全体人民共同富裕，促进人与自然和谐共生，推动构建人类命运共同体，创造人类文明新形态。"[②]这是对人类

　　[①]　《毛泽东文集》（第八卷），人民出版社1999年版，第325页。
　　[②]　习近平：《高举中国特色社会主义伟大旗帜　为全面建设社会主义现代化国家而奋斗——在中国共产党第二十次全国代表大会上的报告》，人民出版社2022年版，第23—24页。

文明新形态的主要生成要素的系统论述。结合前文的分析，我们主要从提升马克思主义中国化时代化、党的全面领导力、"五位一体"总体布局、"两个大局"贯通力、守住国家核心利益、国家安全和世界治理现代化能力要素素养及其系统集成上下功夫，使其在回答"现实之问"中走得更高更远。

一、开辟马克思主义中国化时代化新境界

人类文明新形态之中既流淌着马克思主义文明的血脉，又蕴含着中华文明的基因，是马克思主义文明与中华文明共同作用的结果。恩格斯说过："一个民族要想站在科学的最高峰，就一刻也不能没有理论思维。"[①]创造人类文明新形态，也同样一刻不能没有理论思维。

马克思主义是认识世界、把握规律、追求真理、改造世界的强大思想武器。观察当代中国与世界的深刻变化，必须学会和运用马克思主义基本原理。马克思主义主要由哲学、政治经济学、科学社会主义三大组成部分构成。与马克思、恩格斯所处的时代相比，当代人类社会发生了翻天覆地的变化，但马克

---

① 《马克思恩格斯选集》（第四卷），人民出版社2012年版，第934页。

思所阐述的一般原理仍然没有过时。马克思主义是科学的理论。唯物史观和剩余价值学说，揭示了人类社会发展的一般规律和资本主义运行的特殊规律，为人类指明了从必然王国向自由王国飞跃的途径，指明了人民实现自由和解放的道路。马克思主义是人民的理论。它致力于为人类求解放，第一次站在人民的立场探求人类自由解放的道路，它以科学的理论为最终建立一个没有压迫、没有剥削、人人平等、人人自由的理想社会指明了方向。马克思主义是实践的理论。"马克思主义不是书斋里的学问，而是为了改变人民历史命运而创立的，是在人民求解放的实践中形成的，也是在人民求解放的实践中丰富和发展的，为人民认识世界、改造世界提供了强大精神力量。"[1]马克思主义是开放的理论。"一部马克思主义发展史就是马克思、恩格斯以及他们的后继者们不断根据时代、实践、认识发展而发展的历史，是不断吸收人类历史上一切优秀思想文化成果丰富自己的历史。"[2]

马克思主义所具有的鲜明的科学性、人民性、实践性、发展性，这些特征体现了马克思主义的本质和使命，也展现出马克思主义的理论形象。马克思主义所揭示的真理及其价值穿越了历史、时空的界限，它不仅揭示了不同时代、国家和地区经

---

① 习近平：《论中国共产党历史》，中央文献出版社2021年版，第198页。
② 习近平：《论中国共产党历史》，中央文献出版社2021年版，第199页。

济社会发展的一般规律，也代表了世界各民族劳动人民的共同心声，因而具有普遍性。

马克思主义不是终极的真理、无所不包的预言，更不是一成不变的教条，它是行动的指南，它贡献给人类文明价值的最精髓之处，在于其基本的立场、观点和方法，而非关于一时一事的具体论断。作为关于人类社会生活的最革命、最科学的先进思想理论体系，它总是要因实践需要而创新、因历史前行而发展，总是要在指导实践的过程中接受实践的检验，总是要与各国人民的革命和建设实践相结合并因而不断扩展、不断深化、不断丰富、不断完善。

党的指导思想就是党的旗帜。在革命、建设和改革的每一个历史时期，为使全党"有所指望、知所趋赴"，党都必须有鲜明的旗帜。旗帜决定着党的性质和方向，关系到党所领导的事业的兴衰成败。

中国共产党从诞生之日起，就郑重地把马克思主义确立为自己的指导思想进而确立了社会主义、共产主义的长远奋斗目标和反帝反封建的近期奋斗目标，明确了中国革命发展的正确方向。在此过程中，中国共产党深刻认识到，只有把马克思主义基本原理同中国具体实际相结合、同中华优秀传统文化相结合，坚持运用辩证唯物主义和历史唯物主义，才能正确回答时代和实践提出的重大问题，才能始终保持马克思主义的蓬勃生机和旺盛活力。

坚持和发展马克思主义，必须同中国具体实际相结合。习近平总书记在致"中国共产党与世界马克思主义政党论坛"的贺信中指出："马克思主义是不断发展的开放的理论，本土化才能落地生根，时代化才能充满生机。"①本土化主要体现马克思主义发展的空间维度，时代化主要体现马克思主义发展的时间维度，二者有机统一，构成马克思主义创新发展的基本路径。马克思主义本土化和时代化，具体到中国来说就是马克思主义中国化时代化，这是马克思主义创新发展的一般规律在中国共产党人奋斗实践中的生动体现。我们必须坚持解放思想、实事求是、与时俱进、求真务实，一切从实际出发，着眼解决新时代改革开放和社会主义现代化建设的实际问题，不断回答中国之问、世界之问、人民之问、时代之问，作出符合中国实际和时代要求的正确回答，得出符合客观规律的科学认识，形成与时俱进的理论成果，更好指导中国实践。

坚持和发展马克思主义，必须同中华优秀传统文化相结合。只有植根本国、本民族历史文化沃土，马克思主义真理之树才能根深叶茂。中华优秀传统文化源远流长、博大精深，是中华文明的智慧结晶，其中蕴含的天下为公、民为邦本、为政以德、

① 《习近平向中国共产党与世界马克思主义政党论坛致贺信》，中华人民共和国政府网，2022年7月28日。

革故鼎新、任人唯贤、天人合一、自强不息、厚德载物、讲信修睦、亲仁善邻等，是中国人民在长期生产生活中积累的宇宙观、天下观、社会观、道德观的重要体现，同科学社会主义价值观主张具有高度契合性。马克思主义实践观与儒家的经世致用、知行合一观念之间，马克思主义唯物辩证法与中国古代哲学物极必反之间，实现了精神上的契合。马克思主义和中华文明相融相通促进了马克思主义在中国的传播，激发了中华文明最深层次的力量，推进了人类文明新形态的创造及赓续前行。我们必须坚定历史自信、文化自信，坚持古为今用、推陈出新，把马克思主义思想精髓同中华优秀传统文化精华贯通起来、同人民群众日用而不觉的共同价值观念融通起来，不断赋予科学理论鲜明的中国特色，不断夯实马克思主义中国化时代化的历史基础和民族基础，让马克思主义在中国牢牢扎根。

马克思主义自诞生以来，深刻改变了世界，也深刻改变了中国，极大推进了人类文明进程。从《共产党宣言》发表到今天，人类社会发生了翻天覆地的变化，马克思主义基本原理依然是科学真理，而且日益焕发出旺盛的生命力。

不断谱写马克思主义中国化时代化新篇章，是当代中国共产党人的庄严历史责任。党的二十大报告提出："继续推进实践基础上的理论创新，首先要把握好新时代中国特色社会主义思想的世界观和方法论，坚持好、运用好贯穿其中的立场观点方法。"①要把握好习近平新时代中国特色社会主义思想的世界观和方法论，坚持好、运用好贯穿其中的人民至上、自信自立、守正创新、问题导向、系统观念、胸怀天下等立场观点方法来推动马克思主义发展，用宽广视野吸收借鉴人类创造的一切优秀文明成果，坚持守正创新，不断超越自己，博采众长，不断完善自己，不断深化对共产党执政规律、社会主义建设规律、中国特色社会主义建设规律、人类社会发展规律的认识，不断开辟马克思主义中国化时代化的新境界。

二、坚定主心骨，画出最大同心圆

主心骨作为中国民间俗语，多次被习近平总书记提及。他在十三届全国人大一次会议闭幕会上向全体人民庄严承诺：中国共产党永远保持马克思主义执政党本色，永远走在时代前列，永远做中国人民和中华民族的主心骨。在党的十九大报告中习近平总书记强调："要高举爱国主义、社会主义旗帜，牢牢把握大团结大联合的主题，坚持一致性和多样性统一，找到最大公

---

① 习近平：《高举中国特色社会主义伟大旗帜　为全面建设社会主义现代化国家而团结奋斗——在中国共产党第二十次全国代表大会上的报告》，人民出版社2022年版，第18—19页。

约数，画出最大同心圆。"①他不仅提出同心圆问题，而且对此做出解释，同心圆就是在党的领导下，动员全国各族人民，调动各方面积极性，共同为实现中华民族伟大复兴的中国梦而奋斗。由此可见，所谓同心圆，就是指中国共产党领导之下中华民族大团结大联合。

统一战线是中国共产党加强领导的强大法宝。中国共产党始终坚持统一战线，不断勇于自我革命，探索跳出历史周期率的方式方法，以中华民族共同体为根基，逐步构建起物质文明、政治文明、精神文明、社会文明、生态文明协调发展的中国文明范式——人类文明新形态。人类文明新形态就是党领导人民群众，坚持统一战线方针，长期在政治、经济、文化、社会、生态等多个领域探索、实践取得的共同成果。

（一）坚定主心骨：坚持党的全面领导

任何一个国家、一个社会的发展都离不开一定的领导力量。马克思主义的无产阶级政党理论同样也强调党中央权威和集中统一领导。中国共产党是中国特色社会主义事业的坚强领导核心。党的领导，是中国特色社会主义最本质的特征，是中国特

---

① 《党的十九大报告辅导读本》，人民出版社2017年版，第39页。

色社会主义制度的最大优势。一百多年来，我们党始终保持党的根本性质，始终为中国人民的幸福和民族复兴不懈奋斗，我们党早已成为创造人类文明新形态的当之无愧的坚强领导核心。

习近平总书记明确指出："党政军民学，东西南北中，党是领导一切的，是最高的政治领导力量。"[1] "一定要认清，中国最大的国情就是中国共产党的领导。什么是中国特色？这就是中国特色。"[2]

党是最高政治领导力量。实现共产主义是共产党人的最高理想和不懈追求。共产党之所以是共产党，就是因为它把实现共产主义作为自己的最高理想，并矢志不渝地为之奋斗。不论在任何时期和任何条件下，坚定共产主义理想信念，坚守共产党人精神追求，始终是共产党人安身立命的根本。对马克思主义的信仰，对社会主义和共产主义的信念，是共产党人的政治灵魂，是共产党人经受住任何考验的精神支柱。

党是最高政治领导力量，这是由国家性质所决定的，是由国家宪法所确立的，是被中国革命、建设、改革伟大实践所证明的，是推进伟大事业的根本保证。在当今中国，没有大于中

---

① 习近平：《中国共产党领导是中国特色社会主义最本质的特征》，《求是》，2020年14期。

② 习近平：《中国共产党领导是中国特色社会主义最本质的特征》，《求是》，2020年14期。

国共产党的政治力量或其他什么力量。

确保党始终总揽全局协调各方。坚持党总揽全局、协调各方的领导核心地位，是党作为最高政治力量在治国理政中的必然要求。习近平总书记形象地说，这就像"众星捧月"，这个"月"就是中国共产党。在国家治理体系的大棋局中，党中央是坐镇军帐中的"帅"，车马炮各展其长，一盘棋大局分明。各个领域、各个方面都必须自觉坚持党的领导，突出党的领导核心地位，发挥好党的领导核心作用。确保党始终总揽全局、协调各方，必须增强政治意识、大局意识、核心意识、看齐意识，自觉维护党中央权威和集中统一领导，自觉在思想上政治上行动上同党中央保持高度一致。每一个党的组织、每一名党员干部，无论处在哪个领域、哪个层级、哪个部门和单位，都要服从党中央集中统一领导，确保党中央令行禁止。坚持以党的旗帜为旗帜、以党的方向为方向、以党的意志为意志，实现全党思想上统一、政治上团结、行动上一致，切实把党中央重大决策部署落实到改革发展稳定、内政外交国防、治党治国治军等各个方面；确保党始终总揽全局、协调各方，必须坚持和完善党的领导体制机制。中央委员会、中央政治局、中央政治局常委会，这是党的领导决策核心。党中央作出的决策部署，人大、政府、政协、监察委员会以及法院、检察院等的党组织要贯彻落实。党的十八大以来，中央政治局常务委员会先后多次召开会议，听取全国人大常委会、国务院、全国政协和最高人民法院、最高人民检察院党组工作汇报，这已成为实现党中央集中统一领导的重要制度安排。党中央作出的决策部署，党的组织、宣传、统战、政法等部门要贯彻落实，各事业单位、人民团体等的党组织也要贯彻落实。各方面党组织都要对党委负责，自觉向党委报告重大工作和重大情况，在党委统一领导下做好自身职责范围内的工作。各地区各部门党委（党组）要加强向党中央报告工作；确保党始终总揽全局、协调各方，必须坚持党的民主集中制原则。民主集中制包括民主和集中两个方面，两者互为条件、相辅相成、缺一不可。民主是正确集中的前提和基础，离开民主讲集中，集中就成了个人专权专断。集中是民主的必然要求和归宿，离开集中搞民主，就会导致极端民主化和无政府状态。坚持民主集中制就必须坚持民主基础上的集中和集中指导下的民主相结合，既要充分发扬民主，又要善于集中。一方面，党的重大决策都要严格按照程序办事，充分发扬民主，广泛听取意见和建议，做到科学决策、民主决策、依法决策。另一方面，在充分发扬民主的基础上，要有正确的集中，党中央从全局出发、集中各方面智慧作出的决定，各地方、各部门要坚决贯彻执行。各地方、各部门要充分发挥积极性、主动性、创造性，但不允许自行其是、各自为政，不允许有令不行、有禁不止，不允许搞上有政策、下有对策；确保党始终总揽全局、协调各方，必须全面增强党的执政本领。党的事业越发展，对党执政能力和执政本领的要求就越高。既要政治过硬，又要本领高强。执政能力建设是党的根本性建设，关系社会主义事业兴衰成败，关系中华民族前途命运，关系党和国家长治久安。提高党的执政能力，必须全面增强党的执政本领，具体包括增强学习本领、政治领导本领、改革创新本领、科学发展本领、依法执政本领、群众工作本领、狠抓落实本领、驾驭风险本领等。

总之，坚持党的领导，是党和国家的根本所在、命脉所在，是全国各族人民的利益所系、命运所系。我们已站在新的历史起点，开启了新的奋斗征程，党带领全国各族人民实现中华民族伟大复兴，不知还要克服多少艰难险阻。在这样的历史背景下，完成光荣艰巨的历史使命，战胜前进道路上的风险挑战，必须坚持和加强党的全面领导。

（二）找到最大公约数、画出最大同心圆：用好统一战线这个法宝，统筹"五个文明"建设

最大公约数本是数学概念，是求"同"言简意赅的表达。把最大公约数理念引入统战工作，使统一战线内部具有包容共济、动态平衡的特质，体现了统一战线壮大共同奋斗力量的价值观。画出最大同心圆，是指在党的领导下，动员全国各族人

民，调动各方面积极性，共同为实现中华民族伟大复兴的中国梦服务。只要我们把政治底线这个同心圆守住，包容的多样性半径越长，画出的同心圆就越大。画出最大同心圆的关键在于正确处理一致性和多样性的关系，在于坚持求同存异。在坚持和巩固一致性的基础上，充分尊重和包容多样性，延长工作半径，拓展团结覆盖面，不断把各方面力量团结凝聚到党的周围，扩大党的"朋友圈"，形成合力推进新时代中国特色社会主义伟大事业的利益共同体、事业共同体、命运共同体。坚持在爱国主义和社会主义旗帜下，以人类文明新形态为最大公约数，建立最广泛的同盟军。

中国共产党长期执政、全面领导，各民主党派与中国共产党通力合作、参政议政，这是构成新型政党制度的核心内容和显著特征。所谓合作，是个人与个人、群体与群体之间为达到共同目的，彼此相互配合的一种联合行动。多党合作和政治协商制度作为国家的基本政治制度，既是当代中国社会政治发展的基本态势，也是中国特色社会主义民主政治的基石。这一制度不是简单延续我国历史文化的母版，不是简单套用马克思主义经典作家设想的模板，不是其他国家社会主义实践的再版，更不是国外现代政党政治发展的翻版。中国共产党产生、创造和发展了新型政党制度，为人类政治制度和政党制度提供了一种新的范式，是创造人类文明新形态的领导力量。

中国共产党领导统一战线推动共享利益的物质文明建设。物质文明建设是人类文明新形态的基础。统一战线与物质文明建设互为促进，有力推动了人类文明新形态构建。物质文明要求经济呈高质量发展状态，我国经济正处于向高质量发展的转型阶段。物质生产作为支撑国家发展、社会进步的第一动力，需要团结更多主体来夯实人的自由全面发展的现实基础。统一战线立足于中华民族的共同利益，汇聚不同群体、不同人才参与经济建设，推动中国经济迈向高质量发展，实现利益共赢。物质文明在中国式现代化建设过程中得到有力提升，亦将为统一战线方针政策的顺利实施提供坚实的经济基础，二者相互促进、共同发展。

中国共产党领导统一战线推动塑造认同的精神文明建设。精神文明建设是人类文明新形态的内核。统一战线与精神文明建设互为奠基，有力推动人类文明新形态的构建。人的自由全面发展要求物质文明与精神文明协同发展。坚持统一战线推动精神文明建设，是实现人的自由全面发展的必由之路。党领导统一战线在推动精神文明建设的过程中强化塑造认同。一是发挥统一战线的政治引领作用，夯实共同思想政治基础，铸牢中华民族共同体意识。二是统一战线始终坚持科学的、先进的辩证唯物主义和历史唯物主义，团结全国各族人民，吸收优秀文化精髓，铸牢中华民族共同体意识，在融合与发展中推动中国式现代化稳步前进。

中国共产党领导统一战线推动民主法治的政治文明建设。政治文明建设是人类文明新形态的保障。统一战线与政治文明建设互为依存，有助于推动人类文明新形态的构建。大党长期执政难题是政治文明建设首先需要解决的问题。毛泽东用"民主"给出了跳出历史周期率的第一个答案。中国政治文明的特色之一就是人民民主。习近平总书记用"自我革命"给出了跳出历史周期率的第二个答案。马克思在《关于费尔巴哈的提纲》中也谈到了"环境的改变和人的活动或自我改变的一致"[①]的问题。在人与世界的关系中，随着社会的发展，人自身的改造或人的自我改造就更加重要。不论是个人、团体还是政党，要自觉地实现自我改造，就需要以勇于自我革命的精神打造和锤炼自己，增强自我净化、自我完善、自我革新、自我提高的能力。坚持党的领导，坚持统一战线、坚持贯彻社会主义民主与法治、坚持自我革命——这一现代化、特色化的中国特色社会主义政治道路是推进国家治理现代化、走中国式现代化新道路、创造人类文明新形态的关键所在。

中国共产党领导统一战线推动共同治理的社会文明建设。社会文明建设是人类文明新形态的缩影。统一战线与社会文明

[①] 《马克思恩格斯选集》（第一卷），人民出版社2012年版，第134页。

建设互为依赖，推动人类文明新形态的构建。统一战线在推动社会文明建设的过程中强调共同治理。一是发挥统一战线的价值引领作用。坚持以人民为中心的价值取向为根本引领，激发社会主体内驱动力。二是发挥统一战线在社会复杂关系中的协调作用。统筹各方利益，促进政党、社会、群众关系融洽，形成多元共治的协同局面。三是发挥统一战线联系社会基层的桥梁作用。新时代爱国统一战线融入社会整体发展进程，是优化社会治理、推动社会文明建设进而构建人类文明新形态的保障力量。

中国共产党领导统一战线推动和谐共生的生态文明建设。生态文明建设是人类文明新形态的现代化体现。统一战线与生态文明建设互为依托，推动了人类文明新形态的构建。统一战线在推动生态文明建设的过程中强调和谐共生。一是统一战线以人与自然和谐共生为倡导，引导成员参与环保事业，吸纳科技团队和专业人才、引进资金技术和先进企业，加快促进绿色转型，助力经济社会可持续发展。二是统一战线以人与自然和谐共生为倡导，将古今中外优秀生态治理经验与实际情况相结合，并且能够大力协调民营企业，加强环境保护工作。三是国际统一战线以人与自然和谐共生为倡导，传递中国绿色发展理念，携手共建绿色家园，为全球生态治理提供中国方案。

坚定主心骨，画出最大同心圆。主心骨与同心圆密不可分、相互依赖、有机统一。主心骨离不开同心圆，因为党的领导使命能够建立最广泛的爱国统一战线，形成中华民族大团结大联合；同心圆也离不开主心骨，因为同心圆的形成依赖于党的领导。只有把主心骨和同心圆统一起来，才能在党的领导下，铸牢中华民族共同体意识，加强各民族交往交流交融，促进各民族像石榴籽一样紧紧抱在一起，共同团结奋斗、共同繁荣昌盛，共同铸就人类文明新形态。

三、坚持融入全球发展大局与坚决
维护国家核心利益相结合

历史上和今天存在的各个文明，都是由一系列相互作用和相互依赖的文明要素结合成的具有特定功能的有机整体，可以被视作一个个独立系统。系统的有序性与开放性高度相关，即系统要同周围环境有能量和物质的交换；与周围环境没有能量和物质交换的系统，即所谓的封闭系统，它的熵只能增加，不能减少，熵的增加就是代表无序性的增加，也即消亡的因素不断增加。

全球化是人类历史发展的必然趋势，是生产力进一步发展的客观要求，习近平总书记指出："面对经济全球化大势，像鸵鸟一样把头埋在沙里假装视而不见，或像堂吉诃德一样挥舞长矛加以抵制，都违背了历史规律。"①全球化的大方向是正确的，这是依据马克思主义唯物史观的基本原理对当前人类社会发展趋势做出的科学判断。全球化过程中出现了诸如霸权主义、强权政治、单边主义、贸易保护主义、国际分配不公平等逆全球化的问题，从本质上说，都是由资本主义生产方式产生的，是西方垄断资本集团对发展中国家剥削的产物。

面对由国际垄断资本集团所主导的全球化进程及其所带来的诸多挑战，习近平总书记指出："我们要坚持走和平发展道路，但决不能放弃我们的正当权益，决不能牺牲国家核心利益。任何外国不要指望我们会拿自己的核心利益做交易，不要指望我们会吞下损害我国主权、安全、发展利益的苦果。"②中国在发展过程中，始终坚持融入全球发展大局，以自身的发展为世界的发展提供更多的空间与可能，也绝不会以牺牲他国利益为代价换取自身的发展与繁荣，同时坚决维护国家主权、安全和发展利益，绝不会放弃自身的合法权益与核心利益。

中国在一穷二白的时候敢于维护国家利益、反对世界强权，从未在外来压力下弯过腰、低过头，现在中国更不会屈服于任

---

① 习近平：《在第七十五届联合国大会一般性辩论上的讲话》，《人民日报》，2020年9月23日。
② 《习近平谈治国理政》（第一卷），外文出版社2018年版，第249页。

何外来压力。要坚决维护国家主权和领土完整，坚决反对任何侵犯我国主权、干涉我国内政的错误行径，决不允许任何人任何势力侵犯和分裂祖国的神圣领土。在涉及国家核心利益的问题上，综合运用各种外交手段，及时有力进行处置，亮明原则立场、画出红线、捍卫底线，充分展示中国政府和人民维护国家利益的决心和意志。同时加强重大外交活动规划，积极向国际社会阐明我们的原则立场和正义要求，善于凝聚各方共识，赢得更多的理解和支持。中国人民珍爱和平，决不搞侵略扩张，但有战胜一切侵略的信心，谁都不要指望我们会吞下损害我国主权、安全、领土完整的核心利益的苦果。

解决台湾问题、实现祖国完全统一，是党矢志不渝的历史任务，是全体中华儿女的共同愿望，是实现中华民族伟大复兴的必然要求。中华文明具有突出的统一性，国家统一永远是中国核心利益的核心。台湾问题因民族弱乱而产生，必将随着民族复兴而解决。台湾问题的历史经纬明明白白，两岸同属一个中国的事实和现状清清楚楚。中国的主权和领土完整从未分割，也不容分割。在中华民族的发展进程中，追求统一、反对分裂始终是全民族的主流价值观，这一价值观早已深深融入整个中华民族的精神血脉。两岸同胞都是中国人，血浓于水、守望相助的天然情感和民族认同，是任何人任何势力都无法改变的。两岸走近、同胞团圆是两岸同胞的共同心愿，没有什么力量能把我们割裂开来。新时代党解决台湾问题的总体方略是我们党对台大政方针的继承发展和集大成：必须坚持党中央对台工作的集中统一领导，这是统一的根本保证；坚持在中华民族伟大复兴进程中推进祖国统一，这是统一的历史方位；坚持在祖国大陆发展进步基础上解决台湾问题，这是统一的战略思路；坚持"和平统一、一国两制"基本方针，这是统一的大政方针；坚持一个中国原则和"九二共识"，这是统一的政治基础；坚持推动两岸关系和平发展、融合发展，这是统一的实践途径；坚持团结台湾同胞、争取台湾民心，这是统一的根本动力；坚持粉碎"台独"分裂图谋，这是统一的必然要求；坚持反对外部势力干涉，这是统一的外部条件；坚持决不承诺放弃使用武力，这是统一的战略支撑。积极推进两岸经济合作制度化，打造两岸共同市场，壮大中华民族经济。两岸要应通尽通，提升经贸合作畅通、基础设施联通、能源资源互通、行业标准共通，率先实现福建沿海与金门、马祖地区通水、通电、通气、通桥，推动两岸贸易和台商对大陆投资增长。完善增进台湾同胞福祉的制度和政策，对台湾同胞一视同仁，始终尊重、关爱、造福台湾同胞，全心全意为台湾同胞办实事、做好事、解难事，为台湾同胞台湾企业提供同等待遇，推动两岸文化教育、医疗卫生合作，促进社会保障和公共资源共享。中华文化是两岸同胞心灵的根脉和归属，两岸同胞同根同源、同文同种，是血脉相连、血浓于水的一家人。两岸同胞要共同传承弘扬中华优秀传统文化，促进两岸同胞心灵契合，共同把世界上唯一没有中断的文明继续传承下去。国家统一、民族复兴的历史车轮滚滚向前，只要我们团结一心、共同奋斗，就一定能够完成祖国统一大业，就一定能够共创中华民族伟大复兴美好未来！

中国的和平发展不会一帆风顺。我们不惹事，但也不怕事。在涉及中国共产党的领导地位、社会主义制度、国家根本利益和重大关切问题上，敢于亮剑，坚决斗争。坚决反对打着民主的旗号、利用人权的幌子干涉中国内政的行径，反对各种无理讹诈、单边制裁和极限施压，坚定维护国家核心利益和民族尊严。不回避矛盾和问题，把斗争精神和斗争艺术结合起来，注重策略方法，坚持有理有利有节，妥善处理同相关国家的分歧，团结一切可以团结的力量，调动一切积极因素，在斗争中争取团结，在斗争中谋求合作，在斗争中争取共赢。

历史的经验一再告诉我们，全球化是人类社会发展的内在要求。中国始终奉行"大道并行而不悖"的观点，在国际交往中坚持正确的义利观，愿意"不断以中国新发展为世界提供新机遇，推动建设开放型世界经济，更好惠及各国人民"①。与此同

---

① 习近平：《高举中国特色社会主义伟大旗帜 为全面建设社会主义现代化国家而团结奋斗——在中国共产党第二十次全国代表大会上的报告》，人民出版社2022年版，第61页。

时，更坚定不移地坚决维护国家主权、安全和发展利益，避免成为西方垄断资本集团的附庸，断送自身和世界人民的文明发展之路。

四、推进国家安全体系和能力现代化，积极推动全球治理体系改革

国家安全是民族复兴的根基，社会稳定是国家强盛的前提。孟子曰：君子有终身之忧，无一朝之患也。党的二十大指出："我们必须增强忧患意识，坚持底线思维，做到居安思危、未雨绸缪，准备经受风高浪急甚至惊涛骇浪的重大考验。"①忧患意识是中华民族极其宝贵的思想财富，也是中国共产党人居安思危、肩负历史使命、奋力解决不同时期历史问题的精神动力。

忧患意识本质上是责任意识、使命意识。底线思维的功能在于安全阀、制动器、保险杠。必须坚定不移贯彻总体国家安全观，把维护国家安全贯穿党和国家工作各方面全过程，确保国家安全和社会稳定。我们坚持以人民安全为宗旨、以政治安

---

① 习近平：《高举中国特色社会主义伟大旗帜　为全面建设社会主义现代化国家而团结奋斗——在中国共产党第二十次全国代表大会上的报告》，人民出版社2022年版，第26页。

全为根本、以经济安全为基础、以军事科技文化社会安全为保障、以促进国际安全为依托，统筹外部安全和内部安全、国土安全和国民安全、传统安全和非传统安全、自身安全和共同安全，统筹维护和塑造国家安全，夯实国家安全和社会稳定基层基础，完善参与全球安全治理机制，建设更高水平的平安中国，以新安全格局保障新发展格局，推进人类文明新形态的建设。

坚持党中央对国家安全工作的集中统一领导。强化国家安全工作协调机制，完善国家安全法治体系、战略体系、政策体系、风险监测预警体系、国家应急管理体系，完善重点领域安全保障体系和重要专项协调指挥体系，强化经济、重大基础设施、金融、网络、数据、生物、资源、核、太空、海洋等安全保障体系建设。健全反制裁、反干涉、反"长臂管辖"机制。完善国家安全力量布局，构建全域联动、立体高效的国家安全防护体系。需要指出的是，近年来，新一轮的科技革命和产业变革方兴未艾，算法算力、大数据、5G等一大批新术语已为人们所熟知，人工智能正在全球范围内蓬勃发展。但是，飞速发展的人工智能在延伸和拓展人类能力的同时，也引发了一些令人困惑和忧虑的问题。比如，从总的发展趋势来看，人工智能在向人类思维逼近，人工智能在思维的表现形式上会越来越"像"人类，但这也只是模仿性趋近。可以预见它在未来会得到更大的发展。我们要以开放、客观的态度观察、思考和把握人工智能的未来发展及其对社会的影响。在充分利用人工智能带来的便利的同时，还需要加强对人工智能不当应用风险的研判和防范，引导和规范人工智能走向更有利于人类生存和发展的方向。

提升维护国家安全能力。社会是在矛盾运动中前进的，有矛盾就会有斗争。回顾党的历史可以发现，中国共产党的风云长卷，彰显着不畏艰苦、迎难而上、自强不息的战斗品格。我们要充分认识新时代面临着前所未有的风险和挑战的这场伟大斗争的长期性、复杂性、艰巨性，必须以"重整行装再出发"的壮志豪情和"越是艰险越向前"的斗争精神，坚决维护国家政权安全、制度安全、意识形态安全，加强重点领域安全能力建设，确保粮食、能源资源、重要产业链供应链安全，加强海外安全保障能力建设，维护我国公民、法人在海外合法权益，维护海洋权益，坚定捍卫国家主权、安全、发展利益。提高防范化解重大风险能力，严密防范系统性安全风险，严厉打击敌对势力渗透、破坏、颠覆、分裂活动。全面加强国家安全教育，提高各级领导干部统筹发展和安全能力，增强全民国家安全意识和素养，筑牢国家安全人民防线。

提高公共安全治理水平。历史经验表明，形势越好、发展越顺利的时候，就越要坚守底线思维、增强忧患意识，居安思危。坚持安全第一、预防为主，建立大安全大应急框架，完善公共安全体系，推动公共安全治理模式向事前预防转型。推进安全生产风险专项整治，加强重点行业、重点领域安全监管。提高防灾减灾救灾和重大突发公共事件处置保障能力，加强国家区域应急力量建设。强化食品药品安全监管，健全生物安全监管预警防控体系。加强个人信息保护。

完善社会治理体系。准确识变、主动求变、积极应变，既要看到事物发展中好的一方面，又要看到坏的一方面，"从最低目标出发""从最坏处作打算"，预防各种意想不到的事情发生，做好各种预案准备。要充分利用各种条件，主动引导不利因素向有利因素转化，从不利形势中看到并抓住有利的机遇，重点查漏补缺，构建引危为机的防范体制机制。健全共建共治共享的社会治理制度，提升社会治理效能。完善正确处理新形势下人民内部矛盾有效机制，加强和改进人民信访工作，畅通和规范群众诉求表达、利益协调、权益保障通道，完善网格化管理、精细化服务、信息化支撑的基层治理平台，健全城乡社区治理体系，及时把矛盾纠纷化解在基层、化解在萌芽状态。加快推进市域社会治理现代化，提高市域社会治理能力。强化社会治安整体防控。发展壮大群防群治力量，营造见义勇为社会氛围，建设人人有责、人人尽责、人人享有的社会治理共同体。

积极推动全球治理体系改革和建设。从现实来看，我国正处于由大向强发展的关键阶段。由大向强、将强未强之际往往是国家安全的高风险期，这是历史规律。我们需要做的，一是准确把握国际安全形势变化新特点新趋势，高度警惕国家被侵略、被颠覆、被分裂的危险，高度警惕改革发展稳定大局被破坏的危险，重点防控可能迟滞或中断中华民族伟大复兴进程的全局性风险，既要看到事物发展中好的一方面，又要预防各种意想不到的事情发生，为构建人类命运共同体做好各种预案准备。二是践行共商共建共享的全球治理观，坚持真正的多边主义，推进国际关系民主化，推动全球治理朝着更加公正合理的方向发展。坚定维护以联合国为核心的国际体系、以国际法为基础的国际秩序、以联合国宪章宗旨和原则为基础的国际关系基本准则，反对一切形式的单边主义，反对搞针对特定国家的阵营化和排他性小圈子。三是推动世界贸易组织、亚太经合组织等多边机制更好发挥作用，扩大金砖国家、上海合作组织等合作机制影响力，增强新兴市场国家和发展中国家在全球事务中的代表性和发言权。四是积极参与全球安全规则制定，加强国际安全合作，积极参与联合国维和行动，为维护世界和平和地区稳定发挥建设性作用，共同创造人类更加美好的未来。

用社会主义制度优势，守住"保"的底线。不断赋予底线思维以时代内涵，并将底线思维融入制度体系设计之中，彰显我们的制度逻辑和制度理性；用社会主义制度优势，攻克"固"的堡垒。运用底线思维突破利益固化的藩篱，解决制度执行过程中出现的突出矛盾和问题；用社会主义制度优势，增强"融"的能力。深化织密智控网，完善公共卫生应急管理体系，构筑起更加完善的人防、物防、技防、心防全方位风险防控体系。用社会主义制度优势，凝聚"合"的力量，加强协调配合，形成上下联动、部门联动的防控工作合力。用社会主义制度优势，提升"人"的素养。帮助全体党员人民群众掌握底线思维和运用底线思维的能力，汇聚国家和国际治理现代化的磅礴力量。唯有如此，我们才能真正书写用底线思维、忧患意识积极参与全球治理体系改革和建设的中国样本，提升国际安全能力。

结语：人类文明新形态具有构建系统性特点，这是完善人类文明新形态的要素整合问题。习近平总书记明确指出："系统观念是具有基础性的思想和工作方法。"[1]坚持系统观念，就是要在普遍联系的系统中把握事物，在系统与要素、要素与要素、结构与层次、系统与环境之间相互联系和作用的动态过程中把握事物，力求获得问题的最优解。人类文明新形态在中国特色社会主义伟大实践中形成，也必然会在中国特色社会主义的未来实践中不断完善发展。当然，作为独立系统的文明，其发展也有赖于与周围环境的能量和物质交换，即与世界上其他文明

---

① 《习近平谈治国理政》（第四卷），外文出版社2022年版，第117页。

的良性交流。否则，往往将陷于发展停滞、失去活力，最终走向消亡。面向未来，在开放的全球大背景下，我们遵循系统论基本原理，依据"靠谁完善""为谁完善""完善什么""如何完善"等基本建构思路，继续提升和完善人类文明新形态，坚定地向着共产主义文明前进。

第八章

大道同行　美美与共：繁荣世界文明百花园

马克思主义给予我们观察当代世界的宏大视野。"不畏浮云遮望眼，自缘身在最高层。"用这样的胸怀、站位和视野来观察当代世界，我们就能从整体上正确把握当今世界，为人类文明新形态确立合理的站位。科学社会主义的科学性，体现之一在于它科学论述了人类社会历史进展的客观规律，系统阐明了社会主义代替资本主义的必然性。当今时代，资本主义文明形态和社会主义文明形态交织共存。作为社会主义性质的人类文明新形态实现了对资本主义文明形态的多维度多层次超越，但并非与资本主义文明水火不容。对此，习近平总书记给出了"尊重世界文明多样性，以文明交流超越文明隔阂、文明互鉴超越文明冲突、文明共存超越文明优越"①，构建全球文明的答案。我们创造性地提出了人类文明新形态，但也充分尊重人类文明的多样性，始终坚持弘扬平等、互鉴、对话、包容的文明观，推动不同文明交流对话，推动人类文明的进步与共同价值的形成，建设开放包容的世界，夯实共建全球文明、繁荣世界

①《决胜全面建成小康社会　夺取新时代中国特色社会主义伟大胜利——在中国共产党第十九次全国代表大会上的报告》，人民出版社2017年版，第59页。

文明百花园的基础。

一、马克思主义视域下的文明"交往形式"

交往是唯物史观的重要范畴，是指在一定历史条件下的现实的个人、群体、阶级、民族、国家之间在物质和精神上相互往来、相互作用、彼此联系的活动。马克思、恩格斯高度重视交往在社会生活和历史发展中的作用，深刻指出："各个相互影响的活动范围在这个发展进程中越是扩大，各民族的原始封闭状态由于日益完善的生产方式、交往以及因交往而自然形成的不同民族之间的分工消灭得越是彻底，历史也就越是成为世界历史。"[①]

（一）马克思主义"交往形式"辨析

普遍交往是世界历史的基本特征。世界历史体现着各个民族、各个国家之间的相互影响、相互渗透和相互制约，最重要的是强调整个世界的相互关联性。今天，人类交往比以往任何

---

① 《马克思恩格斯选集》（第一卷），人民出版社2012年版，第168页。

时候都更加深入、广泛，国家之间的相互联系和依存比以往任何时候都更加频繁、紧密。

经济基础和上层建筑作为矛盾统一体，二者统一于"交往形式"之中。根据交往内容和交往方式不同，人们把交往划分为各种不同的类型。总体来说，可以将交往划分为物质交往和精神交往。物质交往是指人们在物质生产实践中发生的交往，物质产品是其交往内容。精神交往是指一定的历史条件下，人们在涉及思想、意识、观念、情感和情绪等精神性的领域中进行的交往。在当今时代，信息交往、文化交往等也是精神交往的重要方面。物质交往是精神交往的基础和根源，精神交往是物质交往的产物，渗透于物质交往之中。

（二）多元文明"交往动因"探究

推进文化的进步。文化是社会生活的产物，人们的社会交往在文化的形成、传播和发展中起着独特而重要的作用。人们之间的交往，特别是从事脑力劳动的人们之间的学术文化交往，是促进知识生产和文化创新创造的重要动力。而人类交往范围的扩大，特别是不同民族、国家间发生的大规模交往活动，同时也是文化的世界性传播过程。

推进社会关系的进步。人与人之间的交往活动，是各种社会关系形成和发展的重要动力。交往活动的发展能够促进社会关系的进步。建立在一定社会关系基础上的制度体制和风俗习惯，也会因人们交往活动的发展而得以变革和进步。

推进人的全面发展。在交往中建立的社会关系决定着人的发展程度。马克思、恩格斯指出："一个人的发展取决于和他直接或间接进行交往的其他一切人的发展。"①只有通过人与人之间的交往，不断变革原有的社会关系，才能推动人的全面发展的实现。

推进生产力的进步。劳动者是生产过程的主体，在生产力发展中起主导作用。劳动者在生产过程中的交往是生产关系的题中应有之义，这种交往的改善有助于生产关系更好地服务于生产力的发展。而生产力成果的保存，也有赖于交往的扩大。马克思、恩格斯曾指出："某一个地域创造出来的生产力，特别是发明，在往后的发展中是否会失传，完全取决于交往扩展的情况。"②

---

① 《马克思恩格斯全集》（第三卷），人民出版社1960年版，第515页。
② 《马克思恩格斯选集》（第一卷），人民出版社2012年版，第187—188页。

二、当前世界多元文明的"交往形式"困局

"当前，世界之变、时代之变、历史之变正以前所未有的方式展开。"①逆全球化思潮抬头，单边主义、保护主义明显上升，世界经济复苏乏力，局部冲突和动荡频发，全球性问题加剧，世界进入新的动荡变革期。这些危机的背后表面是国际秩序的不均衡、不平等，更深层次的原因是少数大国的狭隘文明观所产生的影响及形成的困局。

（一）全球"文明隔阂"的观念困境

历史可以证明，世界文明的发展进步离不开彼此间的交流互鉴。但近代以来，文明间的交流互动变成非西方单向度地向西方学习，西方文明也自居高位地向非西方世界指手画脚，甚至是直接以各种手段干预一些国家的发展。这对一些国家的治国理政方略造成不同程度的影响，更导致世界各地不断爆发出一系列的动荡事件，例如中东的民族与宗教认同危机以及欧美的难民潮事件等。这种全球"文明隔阂"对世界文明繁荣发展

---

① 习近平：《高举中国特色社会主义伟大旗帜　为全面建设社会主义现代化国家而团结奋斗——在中国共产党第二十次全国代表大会上的报告》，人民出版社2022年版，第60页。

的观念造成重大影响，形成观念困境。

　　文明具有共通共谋之处。习近平总书记生动地指出："正如中国人喜欢茶而比利时人喜爱啤酒一样，茶的含蓄内敛和酒的热烈奔放代表了品味生命、解读世界的两种不同方式。但是，茶和酒并不是不可兼容的，既可以酒逢知己千杯少，也可以品茶品味品人生。"[①]在特殊中寻找普遍性，在普遍中发现特殊性，这不仅揭示了文明交流互鉴的基本运作机理，也建构了文明多元并行到文明交流互鉴的运行轨迹。

（二）全球"文明级差"的秩序困境

　　"文明级差"是指在全球化进程中由于多种因素的影响，人类文明的等级格局表现出较大差距，并被划分为不同的层次，呈现出一幅进步与落后、文明与野蛮并存的复杂图景。这导致不同文明间难以做到基本的相互尊重和相互间开展有序交流与学习。新一轮科技革命和产业变革下，世界经济格局加速演变，新兴国家和发展中国家正快速崛起，但"文明级差"却依旧存在，甚至呈现出越来越大的差距。实际上，西方所主导的秩序并不是文明等级格局中的最高一级，而是以资本主义社会经济

---

　　① 习近平：《在布鲁日欧洲学院的演讲》，新华网，2014年4月2日。

为基础产生的人类文明形态。这种观念没有反映出西方社会中绝大多数普通民众真正所支持的价值观念，更不能代表全人类的价值追求。

文明没有"优劣"之分。无论划分出多少种文明类型，在人类文明演进中各大文明都发挥着自身独特的作用，各文明之间是平等的。习近平总书记明确说过："不同文明凝聚着不同民族的智慧和贡献，没有高低之别，更无优劣之分。文明之间要对话，不要排斥；要交流，不要取代。人类历史就是一幅不同文明相互交流、互鉴、融合的宏伟画卷。我们要尊重各种文明，平等相待，互学互鉴，兼收并蓄，推动人类文明实现创造性发展。"①

（三）全球"文明冲突"的安全困境

冷战结束以来，西方所谓的文明治理、民主治理本质是让西方文明输入地国家抛弃其民族赖以生存与长期以来形成的传统文化和民族归属感，摒弃其原有文化认同而追求西方文化与价值观念，形成"文明冲突"的安全困境。实践而论，西方文化霸权主义对其他文明造成了巨大的打击，这不仅不符合辩

---

① 习近平：《携手构建合作共赢新伙伴　同心打造人类命运共同体——在第七十届联合国大会一般性辩论时的讲话》，新华社，2015年9月29日。

证法思维，其结果也事与愿违。历史已经证明，正如马克思在《不列颠在印度统治的未来结果》中所指出的："野蛮的征服者，按照一条永恒的历史规律，本身被他们所征服的臣民的较高文明所征服。"[①]

不同文明可以相互交流。习近平总书记着重强调："人类文明多样性赋予这个世界姹紫嫣红的色彩，多样带来交流，交流孕育融合，融合产生进步。"[②]不同社会制度可以相互包容，不同发展模式可以相互合作，不同价值文化可以相互交流。历史告诉我们，不同文明之间的交流互鉴是人类文明演进的基本规律，是社会发展的重要规律。

三、尊重世界文明多样性

我们置身其中的世界包罗万象、多姿多彩。从宇宙星体的运行，到地球物种的演化，再到人类社会的发展，以及人类文明的创造，无一不呈现出复杂的样态，体现着世界的多样性。没有多样性，就没有人类文明。多样性是客观现实，将长期存

---

① 《马克思恩格斯文集》（第二卷），人民出版社2009年版，第686页。
② 习近平：《携手构建合作共赢新伙伴　同心打造人类命运共同体——在第七十届联合国大会一般性辩论时的讲话》，新华社，2015年9月29日。

在。多文明样态在冲突融合中发展，在对话合作中进步，构成人类文明发展的动力。多样性是客观现实，将长期存在。

习近平总书记强调，我们"要学习和实践马克思主义关于世界历史的思想"，"要站在世界历史的高度审视当今世界发展趋势和面临的重大问题"。①马克思的世界历史理论为我们观察、分析当今世界发展特别是经济全球化问题提供了科学的理论指导。放眼世界，我们面对的是百年未有之大变局。一方面，世界多极化、经济全球化、社会信息化、文化多样化深入发展，和平、发展、合作、共赢的历史潮流不可阻挡；另一方面，世界面临的不稳定性不确定性突出，全球性问题加剧，人类处在一个危机交织叠加、风险日益增多的时代。我们生活的世界充满希望也充满挑战，世界又一次站在历史的十字路口。"各国相互协作、优势互补是生产力发展的客观要求，也代表着生产关系演变的前进方向。在这一进程中，各国逐渐形成利益共同体、责任共同体、命运共同体。这既是经济规律使然，也符合人类社会发展的历史逻辑。"②

2023年3月15日，习近平总书记在中国共产党与世界政

---

① 《十九大以来重要文献选编》（上），中央文献出版社2019年版，第431—432、432页。

② 《从历史大势中把握规律引领方向——论习近平主席二十国集团领导人峰会重要讲话》，《人民日报》，2018年12月1日。

党高层对话会上的主旨讲话中，提出了以"共同倡导尊重世界文明多样性""共同倡导弘扬全人类共同价值""共同倡导重视文明传承和创新""共同倡导加强国际人文交流合作"为主要内容的全球文明倡议。[①]"四个共同倡导"内涵丰富、层次清晰，对于为什么和如何尊重世界文明多样性，既有宏观的基本规律阐释，又有中观的方式路径，更有微观的具体办法，蕴含了中国传统哲学中的体系性对策思维，是辩证统一的有机整体，对于破除全球"文明隔阂"的观念困境、全球"文明级差"的秩序困境、全球"文明冲突"的安全困境具有重要意义。

（一）尊重世界文明多样性：人类社会文明发展的基本规律

尽管人类社会与自然界存在着显著差别，但"它丝毫不能改变这样一个事实：历史进程是受内在的一般规律支配的"[②]。现实世界中的人类社会存在众多的社会共同体，不同社会共同体创造了各种式样的文明，"世界文明多样性"是人类社会文

---

① 习近平：《携手同行现代化之路——在中国共产党与世界政党高层对话会上的主旨讲话》，新华社，2023年3月16日。
② 《马克思恩格斯选集》（第四卷），人民出版社2012年版，第254页。

明发展的基本规律。尊重世界文明多样性，源自对人类社会文明发展规律和中国社会主义建设规律的深刻洞察，是对未来人类社会文明发展前景的长远寄望，也是对人类社会文明发展取向的价值判断，体现了合规律性、合目的性与合道德性的辩证统一。

全球文明倡议在深刻把握人类社会文明发展基本规律的基础上，提出"尊重世界文明多样性"，并进一步指明了推动人类社会文明发展的基本路线，即坚持文明平等、互鉴、对话、包容，以文明交流超越文明隔阂、文明互鉴超越文明冲突、文明包容超越文明优越，这也呼应了全世界最广大人民的心声，回应了世界各国追求发展进步的普遍诉求。

（二）弘扬全人类共同价值：方法原则和基本规则

今天的世界尽管面临"逆全球化"的严峻挑战，但全球化的根本趋势已不可逆转。人类生活在同一个地球村里，文明间交往联系日益紧密，各文明发展进程日趋协同。在这样的背景下，"尊重世界文明多样性"，也就是"存异"面临诸多的挑战，这就需要处理好"求同"与"存异"之间的关系。而弘扬全人类共同价值就是应该遵循的方法原则和基本规则。

文明的产生源于各自的历史文化，是一种客观存在，没有高低优劣之分，它是实践活动中所创造的积极成果的总和，必定存在着一定的"同"。2015年9月，习近平主席在出席第七十届联合国大会一般性辩论时明确指出："和平、发展、公平、正义、民主、自由，是全人类的共同价值，也是联合国的崇高目标。"[①]全人类共同价值包含当今时代人类价值观优秀成果，和平与发展是人类的共同事业，公平正义是人类的共同理想，民主自由是人类的共同追求。全人类共同价值与各国各民族价值观既相区别又相联系，它是从世界各国、各民族价值观中提炼出来的，同时又契合了时代发展的需要。全人类共同价值与西方价值观是两个不同的概念，两者存在根本区别。前者反映了全人类的共同利益，体现了不同文明的价值共识；后者仅代表部分西方国家的利益，依靠霸权强行输出。全人类共同价值是以联合国宪章为基础和行为准绳的，其理论基础是共识性的，不是独断性的，实践基础是包容性的，不是排他性的，反映了世界各国人民普遍认同的价值理念的最大公约数，从根本上符合世界人民携手共建人类命运共同体、共创人类更加美好未来的前进方向。只有各国行天下之大道，和睦相处、合作共赢，繁荣才能持久，安全才有保障。

当然，各文明生长于不同的时间和空间环境，"异"是天然

---

① 《习近平谈治国理政》（第二卷），外文出版社2017年版，第522页。

存在的，"异"承认的是文明的不同表现形式。中国古代思想家孟子曾说："物之不齐，物之情也。"世间万物千差万别，这是由其自身特性决定的。如果用同一种标准去要求它们，对不同民族、不同国家用同样的标尺去衡量，那就会产生矛盾纠纷。因此，真正的"尊重世界文明多样性"，必然是"求同存异"下的关怀与理解，即方法原则和基本规则是在弘扬全人类共同价值的基础上，以宽广胸怀理解不同文明对价值内涵的认识，不将自己的价值观和模式强加于人，不搞意识形态对抗。中国的古代经典对于人与人、国与国之间彼此交往和尊重的行为有着精彩的论述："礼尚往来。往而不来，非礼也；来而不往，亦非礼也。""礼者，自卑而尊人。""礼之用，和为贵。"交往之道在于互访、互动，单向而行带来的后果可想而知。这里的"自卑"指的是自谦、恭敬、不自满、不傲慢，给对方以充分的尊重。这种尊重包含了富裕对贫穷的尊重、强大对弱小的尊重。中国共产党将中华优秀传统文化中"和""礼"等思想运用于沟通世界文明间的隔阂，是一种创造性地解决世界存"异"问题的智慧体现。

（三）重视文明传承和创新：方式路径

现代化发展作为一项历史过程，也同样是由各文明下的人民"在直接碰到的、既定的、从过去承继下来的条件下"①所创造的。现代化是人类社会文明的"同"之所在，实现"和平、发展、公平、正义、民主、自由"的过程，就是现代化进程，各文明推动本文明现代化发展就是"求同"的过程。

在实际操作层面，就是要充分挖掘各国历史文化的时代价值，推动各国优秀传统文化在现代化进程中实现创造性转化、创新性发展。就是在创新中实现文明传承，在传承中推动文明创新，这是最基本的方式路径。

（四）加强国际人文交流合作：具体办法

全球文明倡议在微观层面给出了要加强国际人文交流合作具体办法，不断丰富交流内容，拓展合作渠道，促进各国人民相知相亲。

历史上曾分布于中部美洲大部地区的玛雅文明，便由于地理环境的因素长期缺乏与其他文明的良性交流，在漫长的历史长河中陷入了总体发展停滞状态，文明发展的程度长期保持在一个较低的次序水平，最终在外部文明骤然的冲击下走向了消亡。实践已经证明，作为独立系统的各文明，其发展有赖于与

① 马克思：《路易·波拿巴的雾月十八日》，人民出版社2001年版，第9页。

周围环境的能量和物质交换，人类社会文明的发展离不开各文明的交流互鉴。

四、高质量共建"一带一路"

全球文明是时代潮流，世界各国人民都应从这一进程中受益。2013年，习近平总书记创造性提出了共同建设"丝绸之路经济带"和"21世纪海上丝绸之路"，即"一带一路"倡议。丝绸之路是古代东西方文明与贸易交流之路，"一带一路"是对古丝绸之路在全球化时代的创新与发展。这一倡议的核心内涵，是建立在政策沟通、设施联通、贸易畅通、资金融通、民心相通基础上的合作，加强各国政府的互谅互信，促进协同联动发展，为实现新型国际合作提供了厚植历史、面向未来的宏大构想，展现了中国的全球视野、世界胸怀和大国担当。

十年来，"一带一路"建设完成了总体布局，绘就了一幅"大写意"，正在合力绘制精致细腻的"工笔画"。通过共建"一带一路"，提高了国内各区域开放水平，拓展了对外开放领域，推动了制度型开放，构建了广泛的朋友圈，探索了促进共同发展的新路子，实现了共建国家的互利共赢，丰富发展了人类文明新形态。

（一）"一带一路"：丰富发展了人类文明新形态

"一带一路"是国家间合作发展新模式，契合了各国求发展、谋合作的共同愿望，并能与各国发展战略实现对接，吸引越来越多的国家参与其中，已经获得国际社会广泛认同。截至2023年10月，"一带一路"合作从亚欧大陆延伸到非洲和拉美，150多个国家、30多个国际组织签署共建"一带一路"合作文件，举办3届"一带一路"国际合作高峰论坛，成立了20多个专业领域多边合作平台。新冠肺炎疫情暴发后，"一带一路"成为生命之路和健康之路。中国向各国提供了上百亿个口罩和23亿剂疫苗，同20多个国家合作生产疫苗，为共建"一带一路"合作伙伴抗击疫情作出独特贡献。中国在疫情最严峻的时候也得到70多个国家的宝贵支持。

"一带一路"推动中华文明向全球性文明转型。作为文明型国家，中国正在经历从内陆文明向海洋文明、从农耕文明向工业—信息文明、从地域文明向全球性文明转型。这是五千年未有之变局，正在开创人类古老文明复兴与转型并举的奇迹。中华文明五千年连续不断，又处于快速复兴势头，可谓世间独有。"一带一路"的提出，充分展示了全球化时代的中华文明自信与中华文明自觉。"一带一路"明确中国同时从陆上和海上走出去，既发挥传统陆上文明优势，又推动海洋文明发展，使中国陆海文明协调发展，真正成为陆海兼备的文明型国家，标志着中国从地区性文明向全球性文明转型。

"一带一路"推动欧亚大陆回归人类文明中心。在历史上，东西方两大文明曾经通过丝绸之路联系在一起，直至奥斯曼土耳其帝国崛起后切断了丝绸之路，欧洲才被迫走向海洋。欧洲以殖民化方式走向海洋，进入所谓的近代西方中心世界。直至美国崛起，西方中心从欧洲转到美国，然后欧洲衰落。如今，"一带一路"推动大河文明和古老文明复兴，正在纠偏海洋主宰大陆、边缘主宰核心的局面。欧亚也因此迎来了重返世界中心地位的历史性机遇。

"一带一路"推动形成"陆海空网冰天数"合一人类新文明。陆，陆上丝绸之路；海，21世纪海上丝绸之路；空，空中丝绸之路；网，网上丝绸之路；冰，冰上丝绸之路，主要是面对北极和北冰洋合作的丝绸之路；天，航天丝绸之路；数，数字丝绸之路。目前，"一带一路"正在进行和将会形成的互联互通格局，主要体现在三个方面：一是空间的布局，形成了陆、海、空、网、冰发展的空间布局，逐步构成陆上、海上、天上、网上与冰上丝绸之路；二是形成多维度推动共建"一带一路"发展的新格局，例如，共建绿色丝绸之路、数字丝绸之路、健康丝绸之路、廉洁丝绸之路、创新丝绸之路等，是立体化、多维度地通向人类社会共同发展的格局；三是形成以硬联通作为重要方向、软联通作为重要支撑、民心相通作为重要基础的三位一体共建"一带一路"的联通方式。这些充分表明中国既不走西方列强走向海洋的扩张、冲突、殖民的老路，也不走与美国海洋霸权对抗的邪路，而是寻求有效规避传统全球化风险，开创"陆海空网冰天数"合一的新文明。

中华文明以海纳百川、开放包容的广阔胸襟，不断汲取和借鉴域外优秀文明，在漫长的历史中同相关国家共同书写了丝路画卷。"一带一路"倡议把古丝绸之路的丝路精神和丝路画卷变成了弘扬"和平、发展、公平、正义、民主、自由"的全人类共同价值的新的时代画卷。因此，能够产生共振式的巨大能量，丰富发展了人类文明新形态，肩负着繁荣世界文明百花园的未来担当。

（二）共建"一带一路"，繁荣世界文明百花园

当今世界风云变幻，世界格局正处在加速演变的进程之中，产生了大量深刻复杂的现实问题，提出了大量亟待回答的理论课题。要把握和澄清这些问题，就必须学会马克思主义观察和分析问题的方法原则。习近平总书记指出："我们看世界，不能被乱花迷眼，也不能被浮云遮眼，而要端起历史规律的望远镜

去细心观望。"①中国共产党人掌握了人类社会发展的规律，能够从扑朔迷离的复杂现象中把握住问题的实质，从局部的变幻中把握住总体和大局。

共建"一带一路"，秉持的是共商共建共享原则，坚持的是开放、渐进、包容、全面、绿色、廉洁等理念，以高标准、可持续、惠民生为目标，全面推进了政策沟通、设施联通、贸易畅通、资金融通、民心相通，努力建设和平之路、繁荣之路、开放之路、绿色之路、创新之路、文明之路，美美与共，繁荣世界文明百花园。

第一，坚持基本原则：共商共建共享。

"一带一路"倡议既包含全球发展倡议的理念，也包含全球安全倡议的理念，还涵盖全球文明倡议的理念，秉持的是共商共建共享原则。

一是坚持共商原则。共商，就是集思广益，好事大家商量着办，使"一带一路"建设兼顾各方利益和关切，体现各方智慧和创意。即沿线各国无论大小、强弱、贫富，都是"一带一路"的平等参与者，都可以积极建言献策，都可以就本国需要对多边合作议程产生影响，但是都不能对别国所选择的发展路径指手画脚。通过双边或者多边沟通和磋商，各国各方可找到

---

① 《习近平谈治国理政》（第二卷），外文出版社2017年版，第442页。

经济优势互补的路径，实现发展战略的对接，妥善处理与各国的利益关系。

二是坚持共建原则。共建，就是各施所长、各尽所能，把各方优势和潜能充分发挥出来，聚沙成塔，积水成渊，持之以恒加以推进。建设"一带一路"，首先要扩大对内开放，即沿线各省份要积极投入、搞好自身经济建设，将辖区内的建设项目落到实处，实现与国内其他地区的相互联通。建设"一带一路"，也要扩大对外开放，即面向数量更多、多样化程度更高的国家实施开放政策。"一带一路"所经国家和地区发展水平参差不齐，在民族、宗教、发展历史、文化背景等方面存在着巨大差异。中国政府更是表示，除了沿线国家，世界各个国家和国际、地区组织的建设性参与都会受到欢迎。中国推进"一带一路"建设不针对、不排斥任何国家，合作伙伴的选择空间可谓空前广泛。

三是坚持共享原则。共享，就是让建设成果更多更公平惠及各国人民，打造利益共同体、责任共同体和命运共同体。中国与沿线国家寻求项目、资金、技术与标准对接，共同打造政治互信、经济融合、文化包容的利益共同体；共担风险，共同治理，打造中国与沿线国家的责任共同体；以互利共赢理念实现中国与沿线国家共同繁荣、共襄盛举；共迎挑战，共担风险，共享红利，最终打造世界人民命运共同体。

可以说，"一带一路"在全球化时代正在打造中国的新天下观——四海一家、天下一家、纠正近代以来西方殖民体系及现今美国霸权体系造成的全球碎片化、分裂化局面，以沿线国家的共同现代化超越了近代以来西方国家开创的竞争性现代化，推动了实现持久和平、共同繁荣、普遍安全的美丽世界的构建。

第二，坚持中国经验：开放、渐进、包容、全面、绿色、廉洁等理念。

理念引领行动，方向决定出路。一百多年来，无论从顶层设计还是具体实践看，中国革命、建设、改革各个阶段都产生了一系列中国特色的做法、经验与模式，为"一带一路"建设提供了丰富的营养。如渐进式改革、从沿海到内地的有序开放，通过产业园区、经济走廊等试点，然后总结推广，形成以点带面、以线带面的局面，最终以中国国内市场一体化为依托，辐射周边，形成世界一体化新格局。

从贸易来看，"一带一路"将重点支持中国与沿线国家相联结的交通、通信等基础设施建设，提高沿线地区物流效率，便利双向或多边的贸易往来；从投资来看，"一带一路"将持续助力中国企业"走出去"，努力形成与"引进来"相当的双向互动，是"一带一路"包容性开放的重要内涵；从开放心态来看，"一带一路"强调中国不搞单边主义，不把自己的意志强加于人。"一带一路"欢迎沿线国家直陈自身发展优势和需要，支持沿线国家自主创新能力的提高和国家间以坦诚沟通达成的高效合作，做到与邻为善、美美与共，谋求共同发展。

第三，坚持共建方案：互联互通新格局。

"一带一路"强调通过"五通"——政策沟通、设施联通、贸易畅通、资金融通、民心相通，开创系统化网络化人性化的互联互通新格局。

（1）政策沟通。通过加强友好对话与磋商，各国可以共商经济发展战略和对策，求同存异，消除政策壁垒和其他人为的合作屏障，协商制定推进区域合作的规划和措施，以政策、法律和国际协议为沿线经济融合保驾护航。为此，加强政府间合作，积极构建多层次政府间宏观政策沟通交流机制，深化利益融合，促进政治互信，达成合作新共识，是"一带一路"建设的重要保障。

（2）设施联通。设施联通主要包括四大类：一是交通基础设施，尤其是关键通道、关键节点和重点工程，优先打通缺失路段，畅通瓶颈路段，配套完善道路安全防护设施和交通管理设施设备，提升道路通达水平。推进建立统一的全程运输协调机制，促进国际通关、换装、多式联运有机衔接，逐步形成兼容规范的运输规则，实现国际运输便利化。二是口岸基础设施，畅通陆水联运通道，推进港口合作建设，增加海上航线和班次，加强海上物流信息化合作。拓展建立民航全面合作的平台和机制，加快提升航空基础设施水平。三是能源基础设施，共同维护输油、输气管道等运输通道安全，推进跨境电力与输电通道建设，积极开展区域电网升级改造合作。四是跨境光缆等通信干线网络，提高国际通信互联互通水平，畅通信息丝绸之路。加快推进双边跨境光缆等建设，规划建设洲际海底光缆项目，完善空中（卫星）信息通道，扩大信息交流与合作。

（3）贸易畅通。投资贸易合作是"一带一路"建设的重点内容。推进投资贸易便利化，消除投资和贸易壁垒，加强双边投资保护协定、避免双重征税协定磋商，保护投资者的合法权益，构建区域内和各国良好的营商环境，积极同沿线国家和地区共同商建自由贸易区，激发释放合作潜力，做大做好合作"蛋糕"。

（4）资金融通。《推动共建丝绸之路经济带和21世纪海上丝绸之路的愿景与行动》指出，资金融通是"一带一路"建设的重要支撑。如果各国在经常项目下和资本项目下实现本币兑换和结算，就可以大大降低资金流通成本，增强抵御金融风险能力，提高本地区经济的国际竞争力。

（5）民心相通。"一带一路"建设需弘扬睦邻友好的合作精神，在教育、文化、旅游等领域深入开展人文合作，以文化交流推动包容开放理念的形成和扩散，促进文化交融，促成文化认同感，为深化沿线国家合作提供内在动力。

如果将"一带一路"比喻为腾飞的两只翅膀，那么互联互通就是两只翅膀的血脉经络。

第四，坚持围棋打法：东西南北中呼应、"陆海空网冰天数"联通。

"一带一路"策略构想坚持"三边通中央必胜"这一围棋打法，即如果将亚洲、欧洲和非洲三个大陆通过"一带一路"计划连接，就一定会取胜。可以说，"一带一路"以围棋智慧，谋篇布局，取得了东西南北中呼应、"陆海空网冰天数"联通之效。《史记·六国年表》中的"东方物之所生，西方物之所熟。夫作事者必于东南，收功实者常于西北"这句话，是"一带一路"内蕴中这一中国智慧的历史写照。

第五，创新推进举措："八项行动"[1]行稳致远。

面向未来，要正确认识和把握共建"一带一路"面临的新形势，不断夯实发展根基，稳步拓展合作新领域，全面强化风险防控，注重加强统筹协调，更好服务构建新发展格局，推动共建"一带一路"沿着高质量发展方向不断前进。

（1）构建"一带一路"立体互联互通网络。中方将加快推进中欧班列高质量发展，参与跨里海国际运输走廊建设，办好中欧班列国际合作论坛，会同各方搭建以铁路、公路直达运输

---

① 习近平：《建设开放包容、互联互通、共同发展的世界——在第三届"一带一路"国际合作高峰论坛开幕式上的主旨演讲》，新华网，2023年10月18日。

为支撑的亚欧大陆物流新通道。积极推进"丝路海运"港航贸
一体化发展,加快陆海新通道、空中丝绸之路建设。

（2）支持建设开放型世界经济。中方将创建"丝路电商"
合作先行区,同更多国家商签自由贸易协定、投资保护协定。
全面取消制造业领域外资准入限制措施。主动对照国际高标准
经贸规则,深入推进跨境服务贸易和投资高水平开放,扩大数
字产品等市场准入,深化国有企业、数字经济、知识产权、政
府采购等领域改革。中方将每年举办"全球数字贸易博览会"。
未来五年（2024—2028年）,中国货物贸易、服务贸易进出口
额有望累计超过32万亿美元、5万亿美元。

（3）开展务实合作。中方将统筹推进标志性工程和"小而
美"民生项目。中国国家开发银行、中国进出口银行将各设立
3500亿元人民币融资窗口,丝路基金新增资金800亿元人民币,
以市场化、商业化方式支持共建"一带一路"项目。2023年"一
带一路"国际合作高峰论坛期间举行的企业家大会达成了972
亿美元的项目合作协议。中方还将实施1000个小型民生援助项
目,通过鲁班工坊等推进中外职业教育合作,并同各方加强对
共建"一带一路"项目和人员的安全保障。

（4）促进绿色发展。中方将持续深化绿色基建、绿色能源、
绿色交通等领域合作,加大对"一带一路"绿色发展国际联盟
的支持,继续举办"一带一路"绿色创新大会,建设光伏产业

对话交流机制和绿色低碳专家网络。落实"一带一路"绿色投资原则，到2030年为伙伴国开展10万人次培训。

（5）推动科技创新。中方将继续实施"一带一路"科技创新行动计划，举办首届"一带一路"科技交流大会，未来五年把同各方共建的联合实验室扩大到100家，支持各国青年科学家来华短期工作。中方提出全球人工智能治理倡议，愿同各国加强交流和对话，共同促进全球人工智能健康有序安全发展。

（6）支持民间交往。中方举办"良渚论坛"，深化同共建"一带一路"国家的文明对话。在已经成立丝绸之路国际剧院、艺术节、博物馆、美术馆、图书馆联盟的基础上，成立丝绸之路旅游城市联盟。继续实施"丝绸之路"中国政府奖学金项目。

（7）建设廉洁之路。中方会同合作伙伴发布《"一带一路"廉洁建设成效与展望》，推出《"一带一路"廉洁建设高级原则》，建立"一带一路"企业廉洁合规评价体系，同国际组织合作开展"一带一路"廉洁研究和培训。

（8）完善"一带一路"国际合作机制。中方同共建"一带一路"各国加强能源、税收、金融、绿色发展、减灾、反腐败、智库、媒体、文化等领域的多边合作平台建设。继续举办"一带一路"国际合作高峰论坛，并成立高峰论坛秘书处。

"一带一路"是全方位对外开放的必然逻辑，也是中华文明复兴的必然趋势，还是包容性人类文明新形态、全球性文明发展的必然要求。展望未来，"一带一路"正开启"三五效应"：五千年未有之变局——推动传统中华文明的现代转型；五百年未有之变局——推动社会主义文明的创新；五十年未有之变局——中国特色社会主义文明的新发展，标志着中国从参与全球化到塑造全球化的态势转变，正在奏响通过复兴、包容、创新三部曲，融通中国梦与世界梦。

　　结语：人类文明新形态具有世界文明性的特点，这是完善人类文明新形态的眼界格局问题。从目的论的角度来说，文明交流互鉴是人类社会发展的现实展望，和羹之美，在于合异，卓越的文明甘霖离不开世界交流互鉴，但并不代表这就是文明互鉴理想观的落脚点，反而以文明交融共存推动人与人、人与社会、人与自然的和谐发展，繁荣世界文明百花园，才是往复上升的文明发展及其运动的"坐标系"。当然，诚如冷战思维、零和博弈的旧有观念不可能被短期消除，实现人类文明的大同理想与和合共生，绝非一劳永逸的事情。"尽管文明冲突、文明优越等论调不时沉渣泛起"①，不同文明的交融共存终究是合历史目的性的规律使然。

---

　　① 习近平：《论坚持推动构建人类命运共同体》，中央文献出版社2018年版，第533页。

结束语

共产主义文明：人类文明新形态的未来向度

马克思主义给予我们展望未来世界的长远眼光和战略定力。观察当今世界局势和社会发展，不仅要看到现状，更要看到未来；不仅要把握变化脉络，更要观察演化趋势。只有眼光超前、先行一步，才能在世界变化中掌握主动，立于不败之地。

文明经历过去、现在和未来，见证所在国家社会的变化、个人素质的提高。人类文明新形态是近代中国发展演进各个阶段的文明实践的总和，囊括了新民主主义文明、中国特色社会主义文明等具有阶段性、时代性特征的所有文明子形态，构成一个纵贯百年的文明统一体。随着文明实践的深入，也会有新的子形态继续丰富其内涵。

人类文明新形态是理论形态、实践形态、制度形态的统一体，科学系统，充满活力，提升了科学社会主义发展的新境界，蕴含着共产主义的文明旨趣，是一种动态发展的现实运动。

第一，人类文明新形态蕴含着共产主义的文明旨趣，其发展方向是"每个人的自由发展是一切人的自由发展的条件"①。

马克思、恩格斯描绘了未来社会的美好图景，为推翻罪恶的资本主义寻找到"制度的替代品"。中国共产党用各种卓有成效的文明实践为通往未来社会搭建桥梁，用各种历史性成就、历史性变革有力驳斥了"历史终结论""社会主义失败论"等荒诞谬论。人类文明新形态引导世界把探寻新文明的目光由西方转向东方、由资本主义转向社会主义，昭示了马克思主义的真理力量和科学社会主义的强大生命力，为"世界文明向何处去"指明新的方向。

第二，共产主义是人类社会的最高阶段，人类文明新形态在实践逻辑和价值导向上是"共产主义必将实现"的当代印证。

在实践逻辑上，人类文明新形态是落后国家跨越"卡夫丁峡谷"的生动实践，确证了马克思主义的真理性和生命力。在价值导向上，人类文明新形态趋向坚守文明。实现人的自由而全面的发展。这是马克思主义追求的根本价值目标，也是共产主义社会的根本特征："代替那存在着阶级和阶级对立的资产阶级旧社会的，将是这样一个联合体，在那里，每个人的自由发

---

① 《马克思恩格斯文集》（第二卷），人民出版社2009年版，第53页。

展是一切人的自由发展的条件。"①

从历史演进的过程来看，社会主义文明出现以前的所有文明形态都是统治阶级所享有的文明，人民群众创造的文明成果反过来压制和奴役创造者自身。人类文明新形态恢复和重建了人民的主体地位，把人民生活的需要贯穿于经济、政治、文化、社会、生态五大领域的文明建设之中，真正将文明的创造者转化为文明的享有者，是"共产主义必将实现"的当代印证。

第三，从世界历史的现实状况来看，共产主义是"消灭现存状况的现实的运动"，是一种动态发展的现实运动。

人类文明新形态作为社会主义初级阶段的文明形态，仍与经典文本中的共产主义存在长远距离。它是在中华民族伟大复兴与世界百年未有之大变局相交汇的宏观背景下诞生的，其基础架构尚处于"以物的依赖性为基础的人的独立性"阶段。正如马克思、恩格斯所指出的，"共产主义对我们来说不是应当确立的状况"，而是"那种消灭现存状况的现实的运动"。②因此，我们需要继续保持"进行时"的积极心态，从一系列阻碍人类自由解放的矛盾破题，进行新时代新征程面向共产主义的艰苦创造。

在这里，需要注意的是，社会主义向共产主义的转化，是

---

① 《马克思恩格斯选集》（第四卷），人民出版社2012年版，第647页。
② 《马克思恩格斯文集》（第一卷），人民出版社2009年版，第539页。

人类社会发展史上最伟大的变革。但这一变革与在私有制条件下低级社会形态向高级社会形态（如奴隶社会向封建社会、封建社会向资本主义社会等）变革的方式不同，它不是爆发式的突变，而是一个社会主义自我完善的过程，一个渐次递进的发展过程。"我们要全面掌握辩证唯物主义和历史唯物主义的世界观和方法论，深刻认识实现共产主义是由一个一个阶段性目标逐步达成的历史过程，把共产主义远大理想同中国特色社会主义共同理想统一起来、同我们正在做的事情统一起来，坚定中国特色社会主义道路自信、理论自信、制度自信、文化自信，坚守共产党人的理想信念，像马克思那样，为共产主义奋斗终身。"[①]

历史从未终结，探索仍在继续。人是文明的创造者和享有者，文明与文明之间的关系归根结底是人与人之间的关系。文明因交流而多彩，文明因互鉴而丰富。人类文明的历史就是一幅不同文明交流互鉴融合的宏伟画卷。习近平总书记强调："我们所做的一切都是为人民谋幸福，为民族谋复兴，为世界谋大同。"[②]随着全面社会主义现代化强国的日益建成，随着全球文明倡议国际共识的不断提升，人类文明新形态必将在内容和影

[①] 习近平：《在纪念马克思诞辰200周年大会上的讲话》（2018年5月4日），人民出版社2018年版，第16—17页。
[②] 习近平：《论中国共产党历史》，中央文献出版社2021年版，第56—57页。

响上不断地得到丰富和发展，更好更长远地为构建人类命运共同体提供精神支撑，为解决人类面临的问题展示中国价值、中国气派、中国底气和中国豪情。

后 记

　　人类文明新形态是习近平总书记在庆祝中国共产党成立100周年大会上的讲话中提出的新概念，是21世纪马克思主义中国化时代化的新概念，是世界历史进程中的新话语，是一个大势所趋的新课题。

　　本书坚持以习近平新时代中国特色社会主义思想为指导，从实践理路、思想渊源、革命性变革、创新之处、规律性认识、世界意义、建构路径、大道同行等方面对人类文明新形态内涵及其实践作了一定深入的理论探讨，解读了社会主义文明与资本主义文明、东方文明形态与西方文明形态的辩证关系，并建构了对策框架和愿景展示，力图给读者以思考。

　　本书在撰写的过程中，受到各级领导的关怀和指导，也得到了许多专家学者的关注，特别是白朋举同志、关胜侠同志、王晓晨同志、王晓楠同志参与了书稿的校订编注，在此一并致谢！

作者

2023年11月16日于北京莲花池